AF125953

Photos de couvertures : droits réservés

Du même auteur : **Les sacrifiés de l'an 40.**

Edition BoD, septembre 2021.

: **Nom de code Grenelle.**

Edition BoD, Février 2022.

© 2022, Guadagnini, Bruno
Édition : BoD – Books on Demand, info@bod.fr
Impression : BoD – Books on Demand,
In de Tarpen 42, Norderstedt (Allemagne)
Impression à la demande

ISBN : 978-2-3224-4478-6
Dépôt légal : septembre 2022

INTRODUCTION

(Résumé des deux premiers tomes « Les sacrifiés de l'an 40 » et « Nom de code Grenelle ».)

Pour Pierre Malet, tout commence en août 1939, au moment où la folie d'un homme va faire basculer le monde. Il n'a pas 19 ans et déjà ses rêves de chevauchées sur les terrains de rugby, ou sur la cendrée du stade de Colombes s'achèvent. Sa sœur Jacqueline infirmière, le voyait déjà professeur de médecine, il se retrouve sous l'uniforme en février 1940.

« La drôle de guerre » terminée, Pierre se voit balayé par la « blitz Krieg » des armées du Reich, au mois de mai dans la trouée de Sedan. Blessé pendant la débâcle, cloué sur un hôpital à Compiègne, il assiste impuissant à la signature de l'Armistice en juin 1940.

Malgré sa rencontre amoureuse avec Monique dans les Ardennes, le sergent Malet ne peut pas accepter l'inacceptable. Son ancien instructeur Maurice Dufour, lui propose alors, de devenir officier au 2e bureau et d'être en parallèle agent double du BCRA. Le « métier d'agent secret », n'est pas de tout repos, Monique l'institutrice le quitte et laisse la place à Mathilde l'infirmière. À l'envahissement de la zone libre en novembre 1942, le lieutenant Malet n'a d'autre choix, que de prendre le grand large pour l'Angleterre…

Comme dans les ouvrages précédents, afin d'éviter toute ambiguïté, sur des propos ou des situations imaginaires, les personnes physiques décrites dans ce roman ayant vécu ces événements, sont marquées d'un *.

Chapitre 1 : Good Morning England.

Samedi 14 novembre 1942, les falaises de Douvres, filtrent à travers la brume qui commence à se dissiper. Le clapotis des vagues, se mêle au bruit saccadé du moteur du chalutier. Après une traversée sans histoire, la côte approche, je me demande encore si j'ai fait le bon choix ? Mon partenaire de voyage, le pilote britannique s'exclame tout sourire en me regardant : « Good Morning England ! »

Un débarcadère à l'écart du port principal, nous accueille. Sur le quai deux véhicules nous attendent. L'anglais doit se contenter d'un camion Bedford, nous échangeons une dernière poignée de main. Je me tourne vers les marins normands, pour un dernier au revoir, ils sont déjà prêts pour rembarquer. Mon chauffeur m'attend, je reconnais la Riley de l'état-major du BCRA (*Bureau Central de Renseignement et d'Action),* que j'avais déjà empruntée, lors de mon premier voyage :

- Vous avez fait une bonne traversée, mon lieutenant ?

- Un peu secoué au départ de Criel sur Mer, mais je m'attendais à pire ! Quel est le programme de la journée ?

- Je vous amène à Londres, « Passy » *(le Colonel André Dewavrin « patron » du BCRA)* vous attend !

77 miles, séparent Douvres de la capitale londonienne, nous mettons un peu moins d'une heure trente pour la relier.

Je suis surpris de la direction que nous prenons :

- Nous n'allons pas au 4 Carlton Gardens ?

3

- Non, les locaux du BCRA ont été déménagés en mars dernier au 10 Duke Street ! le BCRA est désormais le BCRAM (*Bureau Central de Renseignement et d'Action Militaire*).

Ainsi « Passy » a obtenu gain de cause, se tenir à l'écart du reste de l'état-major, pour plus de confidentialité. L'immeuble d'aspect banal se situe dans le quartier chic de Mayfair, à proximité de la station de métro Bond Street dans Westminster. Le colonel m'accueille avec sa bonhomie habituelle, mêlée d'ironie :

- Quel bon vent vous amène lieutenant ? je lui réponds sur le même ton.

- Je suis devenu personnage indésirable dans l'hexagone, à la fois à Vichy et à Paris pour les allemands !

- Vous êtes au courant de l'évolution de la situation en France ?

- En partie, les allemands envahissaient, la zone libre au moment où je me préparais à embarquer !

- Exact, ils sont aujourd'hui à Marseille et demain ils devraient arriver sur Toulon !

- Que va devenir la flotte française ?

- Darlan retourne « sa vareuse » ! Depuis Alger, il ordonne à la flotte de rejoindre l'Afrique du Nord !

- Qu'avez-vous comme projets, me concernant mon colonel ? « Passy » sourit

- Pour être tout à fait franc, je ne vous attendais pas ! Je ne sais pas ce que je vais faire de vous ! il marque un temps d'arrêt. Mais rassurez-vous, ce ne sont pas les occupations qui manquent pour un homme comme vous ! En attendant toutes vos affaires, ainsi que vos papiers, laissés lors de votre première visite sont à votre disposition !

- J'ai oublié de vous dire, je n'ai plus vraiment d'identité !

- Comment ça ?

- Au moment de mon départ, je me suis fabriqué, une fausse mort, avec un faux cadavre ! Officiellement Pierre Malet n'existe plus ! ma réponse a le don d'amuser Dewavrin.

- Sage précaution ! Aucune importance, récupérez vos anciens papiers pour aujourd'hui, sinon vous ne pourrez pas circuler ! La semaine prochaine, nous vous en ferons confectionner de nouveaux avec « une vraie fausse identité » !

Je retrouve avec plaisir Jacqueline Girard*, la préposée aux tâches administratives, qui avait guidé mes premiers pas lors de mon premier séjour à Londres :

- Tenez lieutenant, voici vos papiers, le « laissez-passer » de la France Libre et votre « Identy card » du « Foreign Officer » !

- Jacqueline, il faut que je vous dise, j'ai besoin d'une nouvelle identité !

- Très bien, revenez me voir lundi, nous réglerons le problème ! Vous pouvez passer à l'habillement, pour récupérer « votre garde-robe ! »

Les nouveaux locaux, n'ont rien à voir avec les anciens. Ils occupent désormais trois étages. Passy utilise le premier avec la section de commandement, le deuxième concerne l'intendance et le troisième regroupe la section transmissions. Sans la moindre surprise, je rentre dans mes uniformes, que j'avais laissés deux ans plus tôt. Je vois avec satisfaction que j'ai gardé la ligne. Le capitaine Georges Lecot* alias « Drouot » vient me rejoindre :

- Bonjour Pierre, heureux de vous retrouver et de savoir que nous allons de nouveau travailler ensemble !

- Ne me dites pas que je vais devoir encore devoir rejouer les professeurs de « radio crypto » ? Drouot éclate de rire.

- Eh bien si « mon cher Grenelle » ! *(Nom de code de Pierre Malet)*. Vous avez tout le talent pour le faire ! N'oubliez pas que vous n'étiez pas attendu !

- Il faut bien vous trouver une occupation, en attendant mieux !

Le capitaine voit que je commence à tirer une tête de six pieds de long. Après l'épisode de Sedan en avril 1940 et de Londres en septembre de la même année, je vais devoir me goinfrer une troisième fois des apprentis « radio chiffreur ».

- Écoutez lieutenant, je sais très bien que vous avez d'autres capacités, que de jouer les instructeurs radios ! Néanmoins nous avons dans ce domaine un besoin réel ! Nous perdons en France régulièrement des « radios-crypter », qui tombent aux mains de l'ennemi ! De plus vous savez très bien que Passy, refuse pour des raisons de sécurité, de mélanger le service de renseignement avec le service action !

« Drouot » se montre intarissable. Je finis par céder, pour qu'il arrête son inventaire d'arguments à la Prévert :

- Très bien mon capitaine, « si c'est pour la France ! » Lecot goûte moyennement mon ironie.

- Vous seriez surpris lieutenant des changements, qu'il peut y avoir depuis deux ans au BCRA ! « Le Général » en a assez des électrons libres, qui font « leur petite soupe, dans leur petite casserole, sur leur petit feu ! » La France Libre, ce n'est pas Vichy ! Comme vous le savez « Passy », le suit les yeux fermés. ! Le général Delestraint*, vient d'être nommé Chef de l'Armée secrète en France avec Henry Frenay du réseau « Combat » pour le seconder ! Il s'agit de fédérer, l'ensemble des réseaux de résistance, l'amateurisme c'est fini !

J'ai sans doute eu une parole malheureuse. Drouot ne me connaît pas assez, s'il pense que je peux jouer à l'électron libre. Je préfère changer de sujet :

- Pour la logistique me concernant, comment les choses vont-elles se passer ? Lecot redevient plus agréable.

- Vous allez être content ! Comme rien n'était prêt pour vous accueillir et que demain c'est « Sunday closed», vous allez passer 48 heures chez Mrs Brown ! *(Voir « Nom de code Grenelle »)*. Sinon à partir de lundi vous retrouverez vos quartiers au 8 Duke Street, vous n'aurez que la rue à traverser !

Mrs Brown, m'accueille avec sa bonhomie habituelle, comme si nous nous étions quittés la veille :

- Good Evening, Mister « *Malette* » *!*
- Good Evening Mrs Brown !

Elle me demande, comment je compte occuper ma journée de demain dimanche ? Je lui fais remarquer, que lors de mon premier séjour, je n'ai pas eu le loisir de visiter Londres. Je ne connais de la capitale qu'un ou deux pubs fréquentés par mes collègues du BCRA ou son métro, la plupart du temps le soir pendant le blitz. Mrs Brown, me fait remarquer que les bombardements allemands, sont devenus beaucoup plus sporadiques, depuis l'envahissement de la Russie.

En attendant, elle me propose de prendre ma revanche aux échecs. Je n'ai pas gardé de nos premières parties, un souvenir impérissable, où un peu trop sûr de moi, je me suis fait battre à plate couture. Je m'efforce de me concentrer un maximum, en faisant appel encore une fois à ma mémoire. Je gagne la première partie, puis en décompression je perds la deuxième. La belle, fait l'objet d'une lutte intense et acharnée pour finir par un pat, l'honneur est sauf.

Le lendemain, j'arpente les rues de Londres. Ma visite, n'a rien de touristique. Certains endroits sont ravagés par les stigmates de la guerre. Si la cathédrale Saint Paul est relativement préservée à moins de 300 mètres, les deux côtés de la rue de Cannon Streer, ne sont qu'un amoncellement de gravas. Pas moyen de trouver un troquet, les deux plus célèbres du secteur Ye Olde Mitre et Ye Olde Cheshire Cheese, sont fermés. Ce dernier sans Conan Doyle, Mark Twain et Oscar Wilde, habitués des lieux, présente moins d'intérêt.

Tower Bridge, comme le quasi-totalité des monuments se camoufle sous des sacs de sable, pour éviter la destruction. Je finis par trouver un Pub ouvert, non loin de là au bord de la tamise. « The Prospect of Whitby », dont la légende dit qu'il s'agit d'un repaire de pirates.

Le tenancier visiblement, n'a rien contre les officiers français de l'armée de terre et m'accueille, en français dans le texte, par un « Vive de Gaulle, vive la France » !

Le jour commence à décliner, il est temps pour moi de rentrer chez Mrs Brown. J'essaye de me concentrer sur ma journée de demain, pourtant mes pensées se tournent vers Mathilde et ma famille...

Lundi 16 novembre, « nine o'clock », au ten Duke Street. Comme « Monday every morning », Passy prend soin de faire un briefing, pour tous les officiers du BCRA, dans une salle du 3e étage. Le sujet principal, concerne les événements de jeudi dernier en France :

Le général de Lattre de Tassigny, a été appréhendé par les autorités de Vichy. À l'annonce de l'invasion de la zone sud, le commandant de la division militaire de Montpellier, avec quelques autres officiers, s'est mis en tête d'appliquer le plan de résistance élaboré par le général Giraud. Il s'agissait de faire évacuer une partie de l'armée d'armistice, en direction de l'Algérie. Le général Eugène Bridoux, secrétaire d'État à la guerre, ne l'a pas entendu de cette oreille.

Le même jour à Saint Pourçain, Maxime Weygand se voit interpellé par la Gestapo. Détesté par Hitler, le führer n'a même pas daigné avertir le Maréchal Pétain à l'avance. Le mythe de la collaboration, vient de s'effondrer. Depuis son retour d'Afrique du nord Weygand, n'occupait plus de fonction officielle. Néanmoins, il incarnait un symbole de la résistance à l'occupation allemande, au regard des détracteurs de la politique de collaboration, incarnée par Pierre Laval. L'occupant, vient de balayer l'ultime obstacle qui pouvait s'opposer en zone sud. Une fois le laïus de Passy terminé, je lance le débat par une question :

- En gros, Vichy n'existe plus ?

- On peut voir les choses ainsi Lieutenant, vous êtes parti au bon moment !

Chacun retourne à ses occupations, Drouot me prend à part, pour me présenter mes élèves stagiaires, qui ne sont que cinq. Nous avons prévu de commencer la formation le lendemain, en attendant, il faut que je m'occupe de ma nouvelle identité.

Comme à son habitude Jacqueline Gérard* prend toute la logistique en charge :

- Vous avez réfléchi à votre nouvelle identité lieutenant ? j'avoue que je suis pris un peu de court.

- Non pas vraiment !

Je ne sais trop pourquoi, en qualité d'amateur de vin de bourgogne, je lui crie le premier nom qui me passe par la tête :

- Fixin ! Que diriez-vous de Pierre Fixin !

- Pourquoi pas ?

Elle fouille alors dans un tiroir, pour sortir une paire de lunettes et un postiche de moustache. Je la regarde d'un air interrogatif :

- Que dois-je en faire ?

- Les mettre pour les photos ! Quitte à changer d'identité, il est préférable aussi de changer de tête ! Je m'exécute, elle me tend un miroir, je fais une mimique ridicule.

- Bien venu au monde « Mister Fixin » !

Je n'ai plus qu'à me faire tirer le portrait. Le service parfaitement rodé, me permet de prendre possession de mes nouveaux papiers en fin de journée. La préposée me présente la totale, « laissez-passer » « Identity Card » et même une carte d'identité française. « Celle-là, je la garde ! » me dit-elle. « Elle vous sera remise, le jour où vous partirez en mission pour la France ! » je suis en partie réconforté, je ne devrais pas moisir à Londres jusqu'à la fin de la guerre.

Le soir, je prends disposition de « mon nouveau chez moi » au 8 Duke Street. Les officiers ont droit à une chambre individuelle. La mienne n'est pas très grande mais comporte l'essentiel, un lit, une armoire, une table de travail avec une lampe de bureau et une chaise. Une salle de bains commune et des toilettes, sont à disposition à chaque étage.

Au moment de me coucher, je me regarde dans la glace pour retirer mes moustaches. Je me dis, que je ne vais pas m'amuser tous les jours à remettre ce postiche ridicule.

Il serait plus simple d'en laisser pousser des vraies. Finalement, je pense « que mon petit côté Errol Flynn » ne devrait pas déplaire à Mathilde.

En ce mardi de novembre, je squatte une partie de la pièce « Missions Matériel Transmission » avec mes cinq stagiaires. Drouot, a demandé au Lieutenant Pernod* et à son assistante madame Clothint* de nous aménager une partie de leurs locaux, afin de ne pas troubler la salle de transmission officielle. Comme d'habitude, je me livre à un premier état des lieux, sur la capacité des uns et des autres en télégraphie. Dans l'ensemble, le niveau ne plane pas haut. De plus, certains ont pris de mauvaises habitudes, dans leurs méthodes de transmission. En conséquence, je décide de repartir de la base.

Le soir, je propose pour mieux souder l'équipe, d'amener les gars à « The Golden Fleece », un pub à deux pas, où « les frenchies » ont leurs habitudes. Les questions fusent sur mon passé dans l'armée et sur mon parcours depuis la campagne de France. La plupart sont étonnés sur les relations que j'ai pu entretenir entre Vichy, l'Abwer et l'ambassade d'Allemagne à Paris. (Voir « Nom de code Grenelle »). Ils sont tous motivés pour partir en opération, je me contente pour l'instant de leur dire qu'il ne faut pas griller les étapes.

La formation, continue de se dérouler naturellement toute la semaine. Je fais beaucoup plus de spécifique avec eux, que j'ai pu en faire lors de mes premières formations à Sedan, ou à Ringway, lors du passage de mon brevet de parachutisme.

Les nouvelles, continuent d'affluer de France par nos indicateurs. Pétain, devient de plus en plus une marionnette aux mains de l'occupant. L'acte constitutionnel N°12, donne le pouvoir à Pierre Laval, de signer seul lois et décrets.

Les conséquences sont rapides, en fin de semaine. Paul Raynaud et Georges Mandel, détenus au fort du Portalet dans les Pyrénées, sont remis par la gendarmerie aux nazis et seront expédiés, au camp de Sachsenhausen en Allemagne.

Lundi 23 novembre, pendant le briefing, Passy se montre d'une humeur exécrable. En Tunisie, les forces de l'Axe ont pris l'avantage sur les alliés. L'attitude de l'Amiral Platon*, qui a convaincu les amiraux Esteva* et Derrien* de laisser les allemands entrer dans Tunis et Bizerte, malgré l'opposition du Général Georges Barré*, empêche les troupes alliées de développer leur dispositif, sur le reste de la côte méditerranéenne.

Plus fâcheux encore, les américains cherchent à mettre un terme à la polémique en Afrique du Nord. La position de l'amiral Darlan, reste toujours aussi ambiguë. « Officieusement », il a rejoint les alliés, néanmoins, il veut ménager Philippe Pétain. Dans une lettre envoyée d'Alger, il écrit au maréchal : « Les américains se sont déclarés prêts à travailler avec Giraud et à couper tout contact avec vous. [...] Je crains qu'il n'en résulte des désordres graves et que l'Afrique ne soit perdue pour nous. En conséquence, j'ordonne la suspension des hostilités et une neutralité entière vis-à-vis des belligérants, sous réserve que je conserve une autorité totale sur l'Afrique en votre nom. »

Darlan, obtient des alliés d'être nommé, haut-commissaire en Afrique du Nord, sans cesser de représenter Vichy. Le vieux Maréchal n'est pas dupe, dénonce une « félonie », sans se couper totalement de son appui secrètement. L'amiral en profite pour confier le commandement militaire à Giraud au détriment de De Gaulle, excusant un peu plus le courroux de Passy.

Au milieu de cette nébuleuse, Roosevelt se fend d'une conférence de presse, expliquant, qu'il s'agit d'un accord provisoire, uniquement justifié par les nécessités de la guerre.

Un peu plus tard dans la journée Drouot, me prend à part :

- Où en êtes-vous avec les stagiaires ?

-   Vous savez, j'ai entamé leurs formations depuis une semaine à peine ! Ils sont tous d'un niveau différent, ce qui ne facilite pas ma tâche !

-   Passy s'impatiente, Le besoin est urgent sur le terrain !

-   Écoutez, mon capitaine, sauf votre respect, je ne vais pas donner mon feu vert à des hommes qui ne sont pas prêts, avec tous les risques que cela comporte pour les réseaux et eux même !

-   Très bien je comprends ! Combien vous faut-il de temps encore ?

-   Jacob est le meilleur élément, je vais accélérer sa formation ! Je pense que d'ici huit jours il sera opérationnel ! Pour les quatre autres, il me faut plus de temps !

Drouot se contente pour toute réponse, de me faire un signe de tête, je peux rejoindre les futurs « radios-crypter »...

Chapitre 2 : Darlan, touché, coulé.

Mes élèves, m'invitent le samedi, à fêter mon anniversaire dans « notre repaire de The Golden Fleece ». 22 ans, déjà majeur depuis un an, mais pas toujours responsable, comme pourrait le dire ma sœur Jacqueline. Je n'ai pas vraiment le cœur à festoyer, Mathilde me manque, alors que nous ne sommes séparés que depuis trois semaines à peine. Pour l'occasion, les gars se sont cotisés pour m'acheter une pipe. Il parait qu'avec ma moustache naissante, ça me donne un côté british. Au fil de la soirée et après quelques pintes de bière, je finis par être pris dans l'ambiance.

Nous fêtons également, la validation d'Edgar Jacob officiellement « chiffreur télégraphiste ». Son départ pour la France doit s'organiser dans le courant de la semaine à venir. La France justement, occupe pleinement la conversation de la soirée. Les marins français se sont sabordés, la veille dans la rade de Toulon. Le débat contradictoire entre nous, fait monter le ton de la discussion. 2 cuirassés, un croiseur cuirassé, 7 croiseurs, 29 destroyers et 2 sous- marins, reposent désormais par le fond. Seuls, les sous-marins « Casabianca », « Le Glorieux » et « Marsouin » au prix d'une audace folle, parviennent à échapper au barrage de mines tendu par les allemands à l'entrée du port. (*Ils rejoignent trois jours plus tard, le port d'Alger*).

Dans notre groupe, une partie décrit la situation comme la seule possible, pour éviter que la flotte ne tombe aux mains des allemands. D'autres regrettent, que les marins ne se soient pas battus jusqu'au bout pour l'honneur du drapeau.

Churchill, lui-même avait espéré un moment que la marine française pencherait du côté des alliés : « Je ramperais sur des kilomètres pour rencontrer l'amiral Darlan, malgré la haine que je lui porte, pour le convaincre de mettre sa flotte à notre disposition ! »

Les avis ne sont pas tranchés, comme celui de l'amiral Jean Laborde, commandant en chef. Pendant que Darlan recommande à l'armada de rejoindre l'Afrique du Nord, Laborde, attend confirmation du Maréchal Pétain. Tous deux pensaient que l'occupant ne saisirait jamais des navires. Peine perdue les allemands avaient bien prévu de capturer la flotte intacte.

Pour rassurer Drouot, je lui confirme que les quatre stagiaires restants seront opérationnels pour Noël. Cette nouvelle est d'autant mieux venue, qu'avec l'occupation à 100% du territoire français, les principaux réseaux de résistance de la zone sud, comme « Combat », « Libération », et « Franc-Tireur », ont un besoin de plus en plus pressant de transmission.

Alors que l'armée d'armistice de Vichy, est officiellement dissoute le 1er décembre, ses meilleurs éléments en profitent pour rejoindre l'armée secrète. À Alger, l'Amiral Darlan exploite la situation pour créer un Conseil Impérial, considérant le Maréchal Pétain, comme prisonnier des allemands. Pour se faire, il s'adjoint, le général Bergeret, ex-secrétaire d'État de l'Air de Vichy, le général Giraud assume le commandement des forces armées. Eisenhower, totalement imperméable aux subtilités de la politique française, considère l'amiral comme chef d'État. En coulisse, pourtant Roosevelt dit que l'amiral n'est « qu'un fruit mûr » que les américains laisseront tomber quand il sera pressé.

La conversation, revient aux oreilles de l'amiral, qui contre-attaque, en affirmant dans un courrier « sa volonté de cesser ses fonctions le jour où la souveraineté française sera un fait accompli ». Cette lettre semble porter ses effets et dans le petit jeu politique qui se trame,

Eisenhower continue de se montrer aimable, avec Darlan. De Gaulle et Churchill, sont pour une fois d'accord, l'amiral « a trop de casseroles au cul », de son côté Giraud, n'a pas le poids politique nécessaire. Néanmoins, le premier ministre anglais, pour ne pas froisser l'allié américain, refuse de soutenir officiellement le Chef de la France Libre, pour prendre la succession de François Darlan.

De Gaulle, ne peut pas rester inactif, avec l'accord de Churchill, il charge le général François d'Astier, frère d'Emmanuel chef du réseau « Libération », de faire un rapprochement avec Giraud, entre les gaullistes et la résistance intérieure. D'Astier s'envole pour Alger avec 38 000 dollars. Darlan, considère naturellement qu'il s'agit d'un défi à son autorité et fait tout pour s'opposer. Il apprend l'atterrissage du général à Maison Blanche et charge la police de surveiller ses allées et venues. Parmi les deux patrons de la police, nous retrouvons la commissaire Achiari* et…Henri d'Astier, son autre frère. Le général d'Astier, peut poursuivre tranquillement sa mission et prendre contact à l'hôtel Aletti avec Murphy le consul américain.

Dimanche 20 décembre, une entrevue est organisée entre François d'Astier et Ike Eisenhower à l'hôtel Saint Georges. Le français, demande à l'américain, de lui donner l'autorisation de parcourir l'Afrique du Nord et l'Afrique occidentale, pour pouvoir rassembler les gaullistes. Ike, botte en touche et lui demande de se rapprocher de Darlan.

À Londres, la France libre et le BCRA, s'efforce de se tenir au courant, au jour le jour de l'évolution de la situation. Passy dans son intervention hebdomadaire, ne manque pas de nous tenir informé. Au milieu de ces incertitudes, nous sentons bien qu'une étincelle, peut faire basculer la situation dans un sens ou dans l'autre.

De son côté, Laval ne reste pas dans l'ombre et déclare à la presse : « Je renverserai impitoyablement tout ce qui sur ma route, m'empêchera de sauver la France ». Dans le même temps, l'Allemagne augmente les frais d'occupation journaliers, les faisant passer de 15 à 25 millions de Reichsmarks.

Darlan, dont l'autorité s'épuise aux yeux de tous, finit par obtenir l'expulsion de François d'Astier le 23 décembre. L'étincelle attendue, enflamme bientôt la polémique. Jeudi 24 décembre, à 15h30, l'amiral escorté par le commandant Hourcade*, son officier d'ordonnance, pénètre dans son bureau du palais d'Été. Deux coups de feu claquent et pendant qu'Hourcade, se précipite dans la pièce, un jeune homme cherche à s'enfuir. Une échauffourée, oppose les deux hommes. Alors que le commandant se blesse dans la bagarre, deux spahis de garde, parviennent à maîtriser l'assaillant.

L'amiral toujours vivant, est évacué rapidement, pour être conduit dans le même hôpital où son fils se fait soigner. À peine admis en salle d'opération, Darlan décède des suites de ses blessures.

Sa succession, s'organise dans les heures qui suivent. Le général Noguès* assure l'intérim, pendant que le Général Mark Clark, adjoint d'Eisenhower, propose qu'Henri Giraud prenne le pouvoir. Les américains, imposent un blackout médiatique sur l'événement et ordonnent à la radio, de mettre l'axe en responsabilité de l'attentat.

La police, procède à l'interrogatoire du présumé coupable. Il présente des papiers au nom de Borand. L'enquête menée par le commissaire Garidacci*, découvre rapidement qu'il s'agit d'une fausse identité. L'individu s'appelle en réalité Fernand Bonnier de la Chapelle*, il a 20 ans, son père travaille comme journaliste à « la Dépêche d'Alger ». Dans une première déclaration, il déclare ne pas avoir agi seul, mais pour le compte de l'abbé Cordier*, qui lui aurait procuré l'arme et le plan du bureau. Henri d'Astier, Secrétaire-adjoint aux Affaires politiques au Haut-Commissariat, serait la tête pensante.

En prononçant le nom « d'Astier », Bonnier envoie un pavé dans la mare. Sans attendre le 25 décembre, jour de Noël, Fernand Bonnier est présenté devant le tribunal de la 19e région militaire. Son avocat, Maitre Sansonetti* ne peut obtenir un supplément d'enquête. L'avocat, sait que son client va être condamné à la peine de mort. Il lui conseille de changer sa version, afin de bénéficier d'une grâce. C'est pourquoi Fernand Bonnier avoue cette fois avoir agi seul : « J'ai tué l'amiral Darlan, parce c'est un traître ! Il vendait la France à l'Allemagne, pour son profit ! »

Le jury le condamne sans surprise à la peine capitale. La sentence est exécutée le 26 décembre à 7 H 45, après que le général Giraud refuse la grâce demandée par Henri d'Astier. L'élimination de Bonnier arrange beaucoup de monde. La quasi-totalité des voix officielles, à l'exception de celles des gaullistes, condamnent le geste du meurtrier. Que peut-il se cacher, derrière ses paroles d'hypocrite ? Giraud qui craint « d'être le prochain sur la liste », diligente une enquête via le 2e Bureau, la police étant mouillée dans l'affaire.

Le rapport fourni, fait état que des contacts ont été pris entre le comte de Paris (prétendant au trône) et Henri d'Astier, sans indiquer formellement qui sont les investigateurs du crime. Giraud obsédé par un possible assassinat, fait opérer une rafle dans les milieux gaullistes. Achiari*, Aboulker* et Louis Joxe, sont internés dans le camp de Laghouat au Sahara. Le 1er janvier, le commissaire Garidacci*, prévient le préfet de police d'Alger, que le commissaire Achiari et ses collaborateurs, sont innocents du meurtre de Darlan.

Achiari interrogé, charge Henri d'Astier et l'abbé Cordier, les deux hommes sont arrêtés le 10 janvier, puis…Garidacci le lendemain. Le complot est né du « corps francs de Monsabert », un régiment de volontaires pour le front tunisien. Bonnier, un ancien des chantiers de jeunesse, revendique alors de tuer Darlan. Une fois « le bras armé » trouvé, les investigateurs n'ont plus qu'à agir.

Achiari développe : « En faisant tuer Darlan, Henri d'Astier offre la succession au comte de Paris, dont il serait le Ministre de l'Intérieur ! » Bonnier serait gracié pour son acte héroïque. (*Il sera réhabilité un an plus tard*).

Précision de l'auteur : (*Plusieurs ouvrages seront consacrés à cet épisode de la guerre. Le plus sérieux « le Meurtre de l'Amiral Darlan » de Peter Tomkins, confirme les faits évoqués ci-dessus. Un autre plus à charge d'Henri de Kerillis, « De Gaulle dictateur » explique que Darlan a été exécuté par les gaullistes pour éliminer un concurrent du Général. Néanmoins, une chose est sûre Darlan, dans sa politique à géométric variable, s'était grillé dans toutes les directions, de Vichy à Alger en passant par Berlin, Londres et Washington. Il n'était plus qu'un homme seul.*)

De plus le raccourci, fait par l'auteur entre François d'Astier et son frère Henri, se dévoile un peu simpliste.)

Lundi 28 décembre, pas de trêve des confiseurs, nous sommes tous réunis pour le briefing hebdomadaire de Passy, qui ne manque pas de nous parler de l'Afrique du Nord. Pour ma part, j'ai fini ma mission de formation, je suis plutôt en mode décontraction.

Une fois la réunion terminée, Drouot m'alpague par le bras, pour me signifier que Dewavrin veut me voir immédiatement dans son bureau. Ce mode de convocation à la va vite, ne me laisse guère entrevoir quelque chose de positif. Néanmoins je sais très bien qu'il n'est pas bon de faire attendre « Passy », surtout quand il est de mauvaise humeur. Pourtant, il m'accueille tout sourire :

- Ah Malet ! Enfin je devais dire Fixin ! Asseyez-vous, j'ai une nouvelle mission pour vous !

- Je vous écoute mon Colonel !

- Vous partez pour Alger par avion lundi prochain, pour porter un courrier du général De Gaulle au général Giraud !

Il me montre le pli, sans me le donner et le dépose ensuite dans le coffre placé derrière lui. Puis il ajoute :

- Vous devez vous doutez, qu'une lettre expédiée par porteur spécial, est de la plus haute importance ?

- En connaissez-vous le contenu ?

- Dans les grandes lignes ! Avec la mort de Darlan, il règne en Afrique du Nord, une période d'incertitude ! Une réunion entre les alliés dont la date et le lieu, sont pour l'instant tenus secrets, doit avoir lieu en début d'année ! Le Général veut rencontrer Giraud avant, pour que la France parle d'une même voix !

- Pourquoi suis-je choisi pour cette mission ? Je ne suis qu'un officier subalterne !

- Nous sommes des militaires, mais avant tout nous baignons dans la politique ! Le général François d'Astier, émissaire du Général, vient d'être expulsé, avant lui René Pleven (*Commissaire aux Colonies*), n'a pas pu se déplacer, Churchill n'était pas chaud ! Un « officier subalterne », comme vous dites, provoque moins de méfiance ! Vous avez le bon profil, vous faites partie du « chiffre » vous êtes soumis au secret et à la confidentialité, de plus … vous êtes disponible ! cette dernière remarque, ne me satisfait pas particulièrement.

- Très bien mon colonel ! Et pour les modalités ?

- Vous voyez avec le lieutenant Martin* (*secrétaire de Dewavrin*) et Jaqueline Girard, je vais leur passer les consignes !

Il me reste la semaine pour me préparer. Il ne me déplaît pas, de travailler pour la première fois avec Jean Martin. Nous sommes de la même génération, nous avons le même grade, le tutoiement et la confiance s'installent rapidement entre nous. Le fait d'être le bras droit de Passy, lui ouvre des perspectives, pour avoir une meilleure vision de la situation du moment :

- Pierre, ne crois pas que ta mission consiste uniquement à jouer « les estafettes ! »

- Je me doute, mais j'ai du mal à cerner vraiment mon rôle !

- Je sais que Passy attend de toi et De Gaulle aussi probablement, une véritable analyse de ton rendez-vous avec Giraud !

Jean, marque un temps d'arrêt, avant de reprendre le fil de la conversation :

- Je pense que le « Général », ne se fait pas d'illusions sur un retour positif de la part Giraud ! Ce dernier a la réputation d'être fuyant et peu sûr de lui ! Les fils de l'assassinat de Darlan, ne sont pas encore totalement dénoués et l'intronisation de Giraud n'est qu'une illusion ! L'Afrique du

Nord avant l'arrivée des américains, représentait plus au moins « une France Libre » ! Aujourd'hui Eisenhower et le général Clark, mènent le bal !

- Fichtre ! Au milieu de tout ça, ma marge de manœuvre, s'en trouve considérablement réduite !

- Le renseignement, tout le renseignement, rien que le renseignement ! En tant qu'officier du 2e bureau et faisant partie « du chiffre », tu dois être parfaitement dans ton élément ! Je ne suis pas sûr, que tu apprennes grand-chose de la part de Giraud, par contre si tu peux avoir un rendez-vous avec les ricains, saute sur l'occasion ! Je pense que tu en apprendras beaucoup plus ! Même si « le Yankee » se montre manipulateur, son côté hâbleur, reprend souvent le dessus et il pourra éclairer « ta lanterne » !

Je sors de mon entretien avec Jean Martin, à la fois conforté et inquiet. J'ai bien compris que je ne suis plus « le petit commissionnaire ». Toutefois, les éléments que je pourrai récupérer, ou pas, peuvent changer la donne pour la suite, d'où l'intérêt de ma mission...

Je poursuis ma préparation avec Jacqueline Girard, « l'adorable fiancée » de Jean Martin. En 48 heures, elle a réussi à régler tous les détails. Je dois embarquer à minuit de Northolt, pour me poser vers 4 heures du matin à l'aérodrome d'Alger Maison Blanche. Le rendez-vous avec le Général Giraud, est fixé à l'hôtel Aletti le lendemain mardi, à 10 heures. Je me dis, que mon voyage me laisse peu de temps pour récupérer et garder les idées claires. Pour plus de tranquillité, je suis logé, dans la « villa des Oliviers », une petite résidence du quartier d'El Biar, équipée d'une station radio, en liaison régulière avec la France libre.

Lorsque je m'étonne sur le temps de vol, Jacqueline m'explique, que l'appareil au lieu de faire les 1700 km traditionnels, en boucle près de 2000, pour éviter le survol de la France. Il doit longer les côtes de l'océan atlantique, en volant à basse altitude, pour pouvoir échapper aux radars. Une fois au Pays Basque, le survol de l'Espagne, pays neutre, doit se passer en principe sans problème.

Je consacre le temps qui me reste, pour m'imprégner de la personnalité d'Henri Giraud. Finalement, je ne connais que peu de choses sur sa personne, à part le portrait peu flatteur que m'en font les gaullistes. J'ai bien compris, la rivalité qui se noue entre les deux généraux, pour la succession de Darlan. Néanmoins, je préfère me faire mon opinion tout seul. Je me remémore la période de Mai 1940, lorsque dans le cadre du plan Dyle-Bréda, il était à la tête de la 7e armée sur la Hollande, avant de succéder au Général Corap, puis sa capture par l'ennemi à Wassigny suivie de son incarcération à la forteresse de Königstein. *(Voir premier tome : « Les sacrifiés de l'an 40 »).*

J'apprends que le 17 avril dernier, il s'est évadé dans des conditions rocambolesques. Sa femme, lui a fourni une corde par fragments, dissimulée dans des pots de confiture. Il a ensuite faussé compagnie à ses geôliers, pour descendre un mur de 40 mètres de la forteresse. Après un périple en train à travers l'Allemagne et la Suisse, il a fini par rejoindre la ville de Vichy.

Maréchaliste convaincu, Pétain lui fait un bon accueil, alors qu'Otto Abetz (*ambassadeur d'Allemagne à Paris*), cherche à le renvoyer en Allemagne, avec la complicité de Laval. Giraud s'installe à Lyon, puis prend contact avec le général Weygand, qui de retour d'Afrique du Nord, insiste pour qu'il prenne la tête d'un mouvement de libération.

En Afrique du Nord, un certain nombre de personnalités françaises, préparent le débarquement des américains. Afin de contrer Darlan, pour l'instant toujours « vichyssois », il faut une personnalité militaire. Giraud, devient la figure de proue avec la bénédiction des américains et débarque à Alger au début du mois de novembre.

Je n'ai guère envie de faire la fête pour le réveillon de la Saint Sylvestre, malgré la sollicitation des uns et des autres. Je me préoccupe des deniers préparatifs. Une « Hagelin » C 36 (*machine à chiffrer)*, programmée est mise à ma disposition pour le voyage. Je ne récupère le précieux courrier du Général de Gaulle, que le lundi au dernier moment. La lettre désormais sous double enveloppe, porte le cachet rouge « Top Secret ».

Lundi 4 janvier 1943, 23 h45 un Armstrong Whitworth, fait chauffer ses moteurs, sur le tarmac de Northolt et m'attend pour décoller. Je suis le seul passager, au milieu des quatre hommes d'équipage. Lorsque je m'étonne sur le choix de l'appareil, considéré généralement comme un bombardier, le navigateur, m'indique que l'avion trop lent et peu armée est utilisé désormais pour le transport.

Compte tenu des mes premières expériences en vol, ce n'est pas fait pour me rassurer...

Chapitre 3 : Voyage pour une France encore libre.

Après avoir traversé le Channel, nous atteignons la pointe Bretagne, pour redescendre par l'océan. Le navigateur, toujours aussi rassurant, m'indique qu'il faut éviter de faire trop de détours, à cause de l'autonomie de l'appareil en carburant. Puis, il m'invite à prendre place à côté du pilote. La lune, renvoie des reflets magnifiques sur l'eau. Mais le petit jeu consistant à voler au ras des vagues, finit par me lasser très vite et je retourne à l'arrière de l'avion.

Je finis par m'assoupir un moment. Soudain, en regardant à travers un hublot, j'aperçois des lumières, je devine que nous traversons la péninsule ibérique. Le vol finalement, se passe sans encombre, nous nous posons à 3h55 sur l'aérodrome d'Alger Maison blanche. La température au sol ne dépasse pas 4 ou 5°, je m'attendais à plus, même si le temps sec, remplace le crachin britannique.

L'Etat Major, ne fait pas dans la demi-mesure, une Cadillac avec chauffeur est là pour m'accueillir. Il ne faut pas plus d'un quart d'heure de nuit pour monter en direction d'El Biar et retrouver la « villa des Oliviers ». Je ne perds pas au change, avec ma résidence londonienne. Si je ne fais que deviner, dans la pénombre, l'architecture mauresque de la villa, des boys, sont à l'accueil pour me débarrasser de mes bagages.

Je pose la question, combien de temps dois-je prévoir demain pour me rendre à l'Hôtel Aletti ? Le réceptionniste m'indique qu'il faut une heure tout au plus. Il tient à ma disposition un véhicule, néanmoins, il me conseille de prendre le tramway, pour éviter les embouteillages. Je lui demande donc de me faire réveiller à 8 heures précises.

Finalement, je ne réussis pas vraiment à trouver le sommeil, ce rendez-vous décidément, me rend terriblement nerveux. La douche glacée du matin, me permet de retrouver un peu mes esprits. Le breakfast, me change des œufs au bacon. Un vrai café particulièrement hard, m'oblige à rajouter du lait. La table comprend Baghir, surnommé crêpes aux mille trous, Mokh echikh signifiant « cervelle de vieillard ». Je crois comprendre qu'il s'agit de la version sucrée, faite d'un mélange de beurre, de miel et de fleur d'oranger, ainsi que des dattes séchées. Bref, le sucré a remplacé le salé.

Le temps passe, je n'ai pas encore le loisir de profiter du jardin arboré de palmiers, malgré les 15 degrés du matin. Je dois récupérer le tramway pour me rendre à mon entretien. Il s'agit d'une espèce de tortillard jaune, avançant à la vitesse d'une tortue rhumatisante. Une nuée de gamins court après en s'accrochant parfois, pour quémander un peu de monnaie. Je crois bien finir les poches vides à mon arrivée. Si je suis bien parti d'Angleterre avec des francs français, les pièces que je leur distribue, ne sont que des pennys, dont je ne connais pas l'usage qu'ils vont pouvoir en faire.

Je suis enfin à destination. L'Hôtel Aletti, se situe en plein centre de la ville, coincé entre la mer et la bruyante rue Alfred-Lelluch. L'imposant bâtiment, construit sur quatre étages, représente vraiment un symbole « d'Alger la Blanche ». Je suis naturellement en uniforme de la France Libre, néanmoins je ne peux pas échapper à un contrôle extrêmement strict. Un des gardes de faction, me demande mon arme de service, avant de m'escorter jusqu'à la réception.

Je décline mon identité : Lieutenant Pierre Fixin en montrant mes papiers, tout en précisant que j'ai rendez-vous avec le général Giraud. Le réceptionniste vérifie sur un cahier, puis je subis une fouille corporelle, avant d'être dirigé vers un petit salon, comprenant fauteuil et canapé ainsi qu'une table basse, sans aucun bureau.

Je choisis le canapé pour m'asseoir. Le général, ne me fait attendre que quelques minutes. Physiquement, il est tel que je me l'imaginais, mince plus grand que moi, il frise le mètre quatre-vingt-dix et porte des moustaches en guidon de vélo, faisant penser à un coureur cycliste du début du siècle. Après le salut de rigueur, il m'invite à me rasseoir, pendant qu'il prend un des deux fauteuils :

- Mon Général, je suis porteur d'un courrier provenant du général de Gaulle !

- Oui, je suis au courant !

Il prend le pli et le pose sur la table basse sans même le regarder. Puis il reprend la parole :

- Je suis désolé pour la fouille que vous avez dû subir, mais nos services n'ont aucune trace d'un Lieutenant Fixin !

- Effectivement mon général, j'ai dû changer d'identité par mesure de sécurité ! Il sourit derrière sa moustache.

- Ah, vous aussi, vous avez des problèmes de sécurité ! Il se baisse pour ramasser la lettre et décachette la double enveloppe. Êtes-vous au courant de son contenu ?

- Dans les grandes lignes ! Le général de Gaulle propose de vous rencontrer prochainement ! Il prend connaissance du texte.

- D'après vous les anglais, sont-ils au courant de cette démarche ? je marque un temps d'hésitation.

- Nous pouvons le supposer ! Le général, rencontre régulièrement le premier ministre britannique ! À son tour, il réfléchit.

- Dans ce cas, il serait bon que les américains le soit également ! Je ne prendrai une décision définitive sur ce rendez-vous, que lorsque l'ensemble des alliés aura l'information ! j'en profite pour sauter sur l'occasion.

- Mon Général, je pense que vous êtes le mieux placé, pour m'obtenir un entretien avec les américains ? pour une fois il ne se dérobe pas.

- Certes ! Vous logez à la villa des Oliviers, je crois ? Je vous fais parvenir leur réponse dès que possible !

Il me raccompagne à la porte du petit salon et semble soulagé. Je n'ai plus qu'à récupérer mon arme de service et à reprendre le chemin de la villa des Oliviers. Dans le tramway qui me ramène, toujours concentré sur l'entretien, je n'accorde guère d'importance aux enfants qui me sollicitent. J'ai trouvé Giraud, conforme au portrait qui m'avait été dépeint, falot, fuyant et sans charisme. Néanmoins, je suis persuadé qu'il va faire le nécessaire pour m'obtenir un rendez-vous avec les américains, pour se débarrasser de la patate chaude.

De retour dans ma chambre, je rédige mon rapport avant de sortir la machine « Hagelin », pour pouvoir le crypter. J'ai pour consigne de le faire parvenir au siège de la France Libre, ainsi qu'au BCRA naturellement. Il est midi, je suis invité à venir prendre mon déjeuner. Compte tenu de l'urgence, je demande s'il est possible de me restaurer dans la chambre. Sans sourciller, un serveur m'apporte quelques minutes plus tard, un tajine au poulet et un plateau de fruits. Une carafe de vin rosé accompagne le tout, le garçon me précise, qu'il s'agit d'un coteau de Tlemcen.

Compte tenu de la qualité du plat proposé, j'aurais bien pris un peu plus de temps pour le déguster. Il est un peu plus de 14 heures lorsque que j'ai ingurgité le repas et pondu mon message. Je me précipite ensuite pour le diffuser, le préposé à la radio, me demande s'il peut s'en occuper, je lui indique que je le préfère le faire moi-même.

Visiblement, il reste bouche-bée sur ma vitesse d'exécution. Avant de quitter le lieu j'attends bien sûr, l'avis de réception des deux destinataires. Puis, je peux me plier à la coutume locale, en allant faire la sieste.

Après le repos réparateur, j'émerge vers 17 heures. En sortant de ma chambre, le réceptionniste m'interpelle pour me donner une enveloppe. Il s'agit d'un message provenant de l'hôtel Aletti : « Rendez-vous avec le général Clark, jeudi 7 janvier à 10 heures à l'Hôtel Saint Georges. Signé général Henri Giraud ». Finalement rien ne traîne, le deuxième objectif de ma mission se concrétise, rencontrer les américains. Je passe la nouvelle toujours en crypté à Londres, comme convenu à mes deux destinataires.

Alger, même en pleine guerre représente une part de vacances. Demain mercredi, je vais pourvoir profiter du décor pour me balader. Par contre, je n'ai pas encore bien intégré l'appel à la prière du Muezzin, au crépuscule du matin.

Mercredi 6 janvier, après mon petit-déjeuner, je décide de partir à la découverte d'El Biar. J'apprends que son nom en arabe signifie « les puits », son sous-sol contenant de l'eau en abondance. La commune héberge, une école normale d'institutrices et un lycée franco-musulman. La place centrale Carnot, jouxte avec l'église Notre Dame du Mont Carmel. Le plus intéressant, consiste à rejoindre El-Biar dont, le parc des pins et le balcon Saint Raphael surplombent le cadre magnifique de la baie d'Alger.

De retour à « la Villa » je me renseigne pour savoir si j'ai reçu quelques consignes, en prévision de mon rendez-vous du lendemain. Silence radio, en provenance de Londres, je vais devoir encore une fois me débrouiller tout seul. Je décide de ne rien préparer, d'ailleurs il est déjà trop tard pour trouver une biographie du général Clark. Je jugerai sur place des qualités, des défauts de mon interlocuteur et j'improviserai.

Pour me rendre à l'hôtel Saint Georges, je commence à me familiariser avec le tramway et je m'amuse pour me détendre avec les gamins, en leur lançant quelques centimes de francs.

L'établissement est le plus important de la ville. Je comprends la volonté des américains, d'y avoir établi leurs quartiers. L'hôtel ne contient pas moins de 296 chambres, 59 suites et 7 salons de réception. Les gardes de faction ont une décontraction « à l'américaine ». J'ai droit à un présenter arme, sans aucune autre formalité. À l'accueil, le préposé après vérification, me demande de me présenter au jardin d'hiver. Je traverse le splendide jardin botanique pour m'y rendre.

Sur place deux officiers, sirotent tranquillement des anisettes, tout en discutant. Pour le protocole vous pouvez toujours repasser. J'avoue que je suis un peu perdu, le deux hommes sont en treillis, sans couvre-chef et sans signe distinctif :

- Asseyez-vous Lieutenant, je suis le général Clark et voici le capitaine Miller ! j'ai le regard fixé sur leurs verres.

- Eh oui lieutenant, nous souscrivons à la coutume locale ! Nous abandonnons provisoirement le bourbon pour l'anisette ! Vous allez bien nous accompagner ?

Même à 10 heures du matin, je ne vois pas comment refuser la proposition.

- Avec plaisir, mon Général ! le capitaine, fait un signe et un serveur apporte trois nouveaux verres. Le général reprend :

- Lieutenant Fixin, ou dois-je vous appeler lieutenant Malet ? Miller sort un document et renchérit en le lisant.

- Nous avons su, que vous avez fait la campagne de France à Sedan en 1940 avec le grade de sergent, que vous avez été blessé dans l'Argonne, puis que vous avez été nommé lieutenant au 2e bureau, pour être détaché sur Paris, avant de rejoindre Londres en novembre dernier !

Devant tant de précision, je crois que j'avale mon anisette d'un trait avant de bredouiller :

- Dans les grandes lignes…le résumé est exact ! Clark, entre dans le vif du sujet.

- Maintenant que les présentations sont faites, que pouvons-nous faire pour vous ? compte tenu de leur degré d'information, j'ai bien compris que ce n'est pas le moment de finasser.

- J'ai été missionné par la France Libre, pour solliciter un entretien entre le général De Gaulle et le général Giraud, en vue de la conférence entre les alliés, qui doit se dérouler prochainement !

- Yes, What else ?

- Depuis l'assassinat de l'Amiral Darlan, il règne une certaine confusion dans le commandement des troupes françaises !

Nous pensons, que ce rendez-vous est essentiel, pour clarifier la situation entre les deux leaders naturels de la France Libre ! Dans la mesure, où le premier ministre britannique détient l'information, le général Giraud a estimé que nos alliés américains, devaient être également au courant !

- Vous avez été parfaitement clair lieutenant, à mon tour de vous faire quelques confidences ! Le sommet, doit débuter dans une semaine, le jeudi 14 janvier à Casablanca ! Tous les représentants des alliés, y compris Josef Staline, ainsi que les généraux De Gaulle et Giraud y sont invités ! Il n'y aura pas de sujet tabou, il s'agit de construire le monde de demain, dont la France devra prendre sa part !

Réponse pour le moins diplomatique, dans cette conversation visiblement ouverte, je décide de me lâcher :

- J'ai cru comprendre que le Président Roosevelt, avait une préférence pour le général Giraud, au détriment du général De Gaulle ? Clark sourit.

- Vous savez De Gaulle a un côté…comment dire…psycho rigide ! Giraud se montre plus conciliant !

Au fond de moi je pense surtout plus soumis et ma fougue finit par l'emporter :

- Le général de Gaulle défend les intérêts de la France !

- Ah oui ! Et le général Giraud aussi, non ? j'essaye de me rattraper aux branches comme je peux.

- Sans doute… mais chacun à sa manière !

- De toutes façons entre Giraud et De Gaulle, il s'agit d'une histoire franco-française, qu'ils se mettent d'accord avant la conférence ou pendant n'a pas d'importance ! L'important c'est qu'ils arrivent à un consensus entre eux ! Et pour cela, vous comme moi, nous n'y pouvons rien ! (*Réponse toute politique, le président Roosevelt, joue la carte Giraud sans concession.*)

- Certes ! je ne peux qu'acquiescer.

Finalement, désormais je n'ai qu'une certitude, les américains ne s'intéressent pas aux querelles des généraux français, avec juste raison sans doute, l'essentiel est ailleurs. Le capitaine Miller me raccompagne, tout en se montrant agréable. J'ai l'impression de ne pas avoir commis de fautes majeures, lors de l'entretien.

En rentrant, je me refais le film de notre conversation. Je trouve la situation pour le moins surréaliste. D'un côté un Giraud, hyper protégé, ne connaissant rien de mon passé, cachant jalousement la date de la conférence, de l'autre un Clark, complètement décontracté, me fait un topo détaillé de la réunion au sommet, tout en connaissant sur le bout des doigts son interlocuteur...

Je me demande parfois, s'il est bien utile de crypter les messages. Toujours est-il que dans mon rapport je continue de suivre la procédure. Le message est expédié à trois destinataires, De gaulle, Giraud et Passy. Je n'ai plus qu'à attendre, un éventuelle réponse et me tenir aux ordres.

J'ai gardé une poire pour la soif, en ne mentionnant pas que les américains, connaissaient ma véritable identité. Il sera toujours temps de l'évoquer, lors de mon retour à Londres. J'imagine déjà la tête d'André Dewavrin, lorsqu'il l'apprendra...

Le lendemain, vendredi 8 janvier, je m'accorde une journée de farniente dans les jardins de la villa, tout en signalant à l'opérateur radio, que j'attends un message. Il ne tombe qu'en fin d'après-midi et provient de la France Libre, je suis le destinataire avec le BCRA en copie, sans aucune mention faite pour le général Giraud. Il se montre pour le moins laconique : « Rester sur place et attendre les ordres, signé Charles De Gaulle ! »

Le samedi n'ayant rien d'autre à faire, je contacte l'hôtel Aletti, pour joindre Henri Giraud. Un aide de camp, me signale simplement que son supérieur n'est pas joignable. Néanmoins, il m'indique que le Général, n'hésitera pas à me rencontrer en cas de besoin. Tout ce remue ménage pour rien, alors que nous sommes à cinq jours de la conférence, ne manque pas de m'inquiéter.

Dimanche, je suis comme un lion en cage, n'en pouvant plus je décide d'envoyer un message en clair au BCRA. : « Je ne peux pas avoir de nouvelles du général Giraud, que dois-je faire ? » La réponse arrive en crypté en fin de matinée. « Complications, aucune nouvelle du général Giraud de notre côté, le général De Gaulle, pourrait annuler son déplacement ! Veuillez rester sur place et essayez de vous tenir informé ! signé Colonel Passy. »

Informé comment ? En faisant le siège de l'Hôtel Aletti ? Je reste à me morfondre pendant une semaine. Une réponse tombe le lundi suivant en début de matinée, directement du siège de la France libre : « Lieutenant Fixin, vous êtes missionné, pour la conférence de Casablanca, départ mercredi 20 janvier à 14h00 de l'aéroport d'Alger Maison Blanche. » Je m'attendais à tout sauf à ce genre de nouvelle. Puis je me mets à rire intérieurement :

« Ils ne veulent pas que je remplace le général De Gaulle, tout de même ! » Entre temps, j'apprends que la conférence a bien débuté le jeudi 14 en présence de Roosevelt, Churchill, mais sans Staline. Ce dernier, a préféré rester à Moscou pour suivre l'évolution des combats sur Stalingrad, entre autres.

Le lendemain avant d'embarquer, je reçois un dernier câble en provenance de Londres : « Veuillez-vous présenter vendredi 22 janvier en début d'après-midi sur le terrain de Fédala, pour accueillir le général de Gaulle ! »

Chapitre 4 : Le sommet de Casa.

Mercredi 20 janvier, j'embarque dans un Potez 65, pour une mission dont je ne connais ni les tenants ni les aboutissants, l'aventure c'est l'aventure. Je suis seul à bord avec le pilote et le navigateur. Le bimoteur plafonne à 300 km heure, du coup nous rejoignons la capitale marocaine à la nuit tombante.

Curieusement, une Cadillac portant l'étoile blanche de l'armée U.S m'attend sur le tarmac de Fédala. Le chauffeur est bien américain, mais il s'exprime dans un bon français, tout en parlant du nez.

- Bonjour, à quel endroit me conduisez-vous ?

- Dans une villa où logent les délégations, non loin de l'Hôtel Anfa, lieu de la conférence ! Nous y serons dans une quinzaine de minutes !

Sur le parcours, la route et les rues sont encombrées de véhicules militaires et de soldats en armes. La plupart sont américains, il y a tout de même quelques anglais, mais très peu de français. Les autochtones, sont visiblement consignés chez eux. Nous arrivons à destination : « Je viens vous chercher demain à 10 heures, nous retournons à Fédala, pour accueillir le général De Gaulle ! Bonne soirée mon Lieutenant ! »

À mon arrivée à la villa, le réceptionniste me tend une enveloppe avant de me conduire à ma chambre. Il me précise que ce soir je suis seul, mais que demain cinq autres personnes sont attendues.

En prenant connaissance du courrier j'ai la confirmation. Le général de Gaulle, sera accompagné de son chef de cabinet Gaston Palewski*, du commandant Hettier de Boislambert*, du général Catroux* et du vice-amiral Thierry d'Argenlieu*. Il m'est simplement demandé de vérifier que tout est prêt pour les accueillir. Le lendemain matin je me plie bien volontiers à la tâche, qui n'est finalement qu'une simple formalité.

Mon chauffeur arrive parfaitement à l'heure et nous voilà de retour au terrain de Fédala. Je suis surpris sur le petit aérodrome, l'activité se montre d'une banalité quotidienne. Le général William Wilbur* représentant le Président Roosevelt survient peu après, suivi de Charles Codrington* émissaire de Winston Churchill. Un dernier arrivant, se substitue au général Giraud, il s'agit du colonel François de Linarès*. Nous nous saluons naturellement, mais l'officier se montre méfiant et distant envers moi. Aucune troupe, n'est présente pour rendre les honneurs (*historique*). Des sentinelles américaines, forment toutefois un solide périmètre de sécurité.

Nous poireautons un certain temps, l'avion prend du retard à cause des mauvaises conditions atmosphériques. Il se pose enfin. Le général apparaît le premier sur la passerelle, suivi par sa délégation. Wilbur s'approche et l'aborde en lui rappelant qu'ils s'étaient connus autrefois à l'école supérieure de guerre. Codrington, lui apporte les compliments de Winston Churchill pour sa présence. Vient le tour du colonel de Linarès. Les deux hommes, se saluent de manière très protocolaire, avant que le colonel ne s'adresse au général :

-   Mon Général, le général Giraud, vous prie de le rejoindre pour un déjeuner en tête à tête ! De Gaulle se montre cassant.

-   Très bien, tout arrive alors ! Il a fallu demander quatre fois, pour obtenir une réponse !

Au même moment Palewski, lui glisse un mot à mon sujet. Le général me sourit et me présente une main ferme pour s'adresser à moi, tout en s'assurant, que de Linarès va bien comprendre le message. J'ai les mains moites :

- Dites-moi Lieutenant, finalement je dois probablement ce déjeuner à votre intervention !

Je reste sans voix, littéralement électrisé par le timbre de voix et la fermeté des propos du général. Ce dernier s'engouffre ensuite dans la voiture du colonel, pendant que les autres membres de la délégation se partagent les véhicules de Wilbur et de Corrington. Seul Gaston Palewski, me demande de se joindre à moi pour rentrer. J'accepte bien volontiers. Encore sous le choc, j'engage la conversation :

- Vous savez Monsieur Palewski, je me demande si j'ai vraiment ma place au milieu de ce parterre de personnalités ?

- Écoutez Lieutenant, je vais vous faire une confidence ! C'est le général lui-même, qui a tenu à ce que vous soyez présent aujourd'hui ! Il a apprécié particulièrement, la clarté et la précision de vos messages !

J'ai l'impression de devenir écarlate, si avec ces propos, je n'ai pas la tête qui enfle, je resterai humble toute ma vie.

- C'est trop d'honneur ! Je vois que le général a fini par accepter l'invitation à la conférence ? Palewski sourit.

- Oui Churchill a fini par le convaincre... sous la menace ! pour se justifier, il cite le général : « Palewski, il faut bien sortir de la pétaudière nord-africaine et le maintien d'un pouvoir vichiste ! » je suis ravi par les confidences du Chef de Cabinet et par la confiance qu'il m'accorde.

Dans un premier temps, rien ne filtre, de la conversation entre les deux généraux, néanmoins De Gaulle en ressort le visage tendu et la mâchoire crispée. L'après-midi est déjà bien entamé, nous rejoignons tous la villa. Peu de temps ensuite, Harold Mac Millan, ministre d'état britannique, détaché à Alger pour y coordonner les affaires en Méditerranée, se présente au général.

Nous supposons qu'il est missionné par Churchill, pour prendre la température de l'entretien, entre les deux généraux français.

Toujours est-il que le général de Gaulle, finit par rejoindre le premier ministre anglais en début de soirée.

Quelques brides de l'entretien filtrent. Le leader de la France Libre, se montre courroucé par les conditions d'accueil : « Je ne serais pas venu, si j'avais su, qu'il faudrait être encerclé, en terre française, par des baïonnettes américaines ! C'est un pays occupé ! » *(Extrait des Mémoires de Guerre, « l'unité » de Charles de Gaulle, édition Plon.)*

La conversation finit par se radoucir et les problèmes de fond peuvent être abordés. Le premier ministre, explique qu'il s'est mis d'accord avec le président Eisenhower, sur un projet de solution du problème de l'empire français. Giraud et De Gaulle seraient placés à la tête d'un comité avec pour membres le général Charles Noguès*, Pierre Boisson*, Marcel Peyrouton* et le général Jean Bergeret*, déjà en place, mais tous marqués « du sceau vichyssois ». De plus ces quatre personnalités, sont plus ou moins inféodées au général Giraud. Churchill, précise que ce dernier devrait exercer le commandement militaire, dans la mesure où les États-Unis, doivent fournir du matériel militaire à l'armée française réunifiée et ne veulent discuter qu'avec lui.

Il n'est pas besoin d'être grand clerc, pour comprendre que dans ce scénario, De Gaulle, se retrouve l'otage de tous. Le général, répond sans s'emporter, malgré le côté inacceptable de la proposition. Il fait remarquer, qu'il a la plus grande considération pour le président américain et le premier ministre britannique.

Néanmoins il ne leur reconnaît aucune sorte de qualité pour régler la question des pouvoirs dans l'empire français. Il précise que les alliés, ont installé un système à Alger en dehors et contre sa propre personne. Churchill sent bien que De Gaulle, n'est pas près de fléchir, néanmoins, il lui demande de reconsidérer sa proposition.

La soirée n'est pas finie, Roosevelt déléguant une personne pour arranger un nouvel entretien entre le général et lui-même. Le président des États-Unis, va ensuite converser une heure avec De Gaulle. Je suis choqué par l'environnement. Il règne autour de la villa un climat de suspicion. Alors qu'il s'agit d'un tête à tête, Harry Hopkins* *(conseiller de Roosevelt),* avec quelques secrétaires, écoutent discrètement la conversation, sous la protection de soldats en armes. À un iota près Roosevelt, va servir le même discours que Churchill.

Il ajoute que lui-même, doit se battre avec son opinion publique, peu favorable pour que des américains, meurent afin de libérer des européens et des français.

Vendredi 22 janvier, le général Giraud rencontre de nouveau De Gaulle seul à la villa. Gaston Palewski qui visiblement m'a « à la bonne », me fait un compte rendu, après le débriefing avec le Général. Le discours de Giraud, n'est ni plus ni moins, que celui de Churchill et de Roosevelt, seul le nouvel organigramme de l'empire français se précise. Giraud, en qualité de général cinq étoiles, serait naturellement à sa tête, avec De Gaulle comme Numéro 2. Ce dernier passerait général d'armée, pour avoir une équivalence avec le général Georges, Numéro 3 du triumvirat. Pour couronner le tout, Henri Giraud, prendrait le commandement militaire des forces françaises, y compris de la France Libre et de la résistance armée, sous la dépendance...d'Eisenhower. J'ai dû sourire à ce moment-là et je pose la question, tout en connaissant déjà la réponse :

-   Quelle réaction le Général a-t-il eu ?

-   D'après vous ? Inacceptable ! Je cite le général : « C'est le Consulat à la discrétion de l'étranger ! »

-   Je vois ! Giraud, continue sa tambouille en quelques sortes !

-   Ah oui ! D'autant, qu'il prétend qu'il ne fait pas de politique ! Dans le « Conseil Impérial », il écarterait Bergeret, garderait Noguès, Peyrouton, et Boisson, pour rajouter le général Catroux et peut-être Felix Eboué ! (*Ces deux derniers gaullistes, permettraient d'éviter un déséquilibre total entre pro-Giraud et pro-De Gaulle.*)

Puis vint l'heure du déjeuner. Le personnel dresse la table pour neuf personnes. D'un côté, De Gaulle avec sa délégation Catroux, d'Argenlieu, Palewski, et Boislambert, de l'autre Giraud avec la sienne de Linares, Beaufre et Poniatowski. De Gaulle, exige que l'on rajoute un dixième couvert pour « ma petite personne ». Je pense, que par ce geste, le Général veut prouver à Giraud, qu'il finit par obtenir toujours ce qu'il désire.

Giraud ne proteste pas, mais il relance le débat à table, en essayant de reprendre la main :

- Je viens de conclure dit-il, un accord avec le Président Roosevelt en vertu duquel les États-Unis s'engagent à équiper d'autres unités dont je pourrai disposer ! J'estime, que dans six mois, nous aurons 12 divisions supplémentaires ! De Gaulle réplique.

- Il ne s'agit pas d'une concurrence entre nous, dans le domaine des effectifs ! Les troupes qui pour le moment stationnent en Afrique du Nord, appartiennent à la France ! Beaucoup de personnes vous estiment fort en tant que Chef militaire ! Je vous tiens moi-même, à cet égard, comme un élément du capital français que je déplorerais perdre !

Giraud marque une mimique d'étonnement, avant que De Gaulle ne reprenne :

- Une transition est sans doute nécessaire, formons ensemble le pouvoir central, commençons par condamner Vichy !

De Gaulle, marque un point. Pour avoir trop divergé depuis son évasion d'Allemagne tout en continuant à soutenir Pétain, Giraud s'est mis en position de faiblesse. Le reste du repas, fut mélancolique et sans âme.

Dans l'après-midi, Robert Murphy* nous rendit une visite, certain que la situation s'arrangeait entre les deux généraux, suivant le projet dont il était lui-même l'auteur. De Gaulle lui fit part de son scepticisme. Murphy remit un coup de pression, en indiquant qu'il était dans l'intérêt du général de trouver un accord pour l'Afrique du Nord, qui ne compterait pas plus de 10% de gaullistes.

Le temps presse, sans aucune avancée significative. Le lendemain samedi, Mac Millan et Murphy soumettent un communiqué au général de Gaulle, déjà ratifié par Henri Giraud. Les termes, portent sur un accord commun entre les deux généraux, sur le « principe des

Nations Unies » annonçant la formation d'un comité pour administrer l'Empire français dans la guerre. La rédaction est trop vague pour engager à grands choses.

Néanmoins De Gaulle, regrette que le texte vienne des alliés, laissant entendre un renoncement de sa part et une « attente pour le moins fictive » avec Giraud.

Néanmoins, le Général se tourna vers ses quatre compagnons, leur demandant pour une fois leur opinion. Ils répondirent d'un seul homme par la négative. De Gaulle redevient d'humeur joyeuse et tout en me regardant, me lança « C'est inutile que je vous demande votre avis lieutenant ! »

Dimanche 24 janvier 1943, dernier jour du sommet de Casablanca. Toutes les délégations se retrouvent à l'Hôtel Anfa. Pour rejoindre la conférence seulement à quelques encablures de la villa, il faut franchir deux Check Points, cernés de barbelés et protégés par des soldats en armes. Le général De Gaulle voit une dernière fois en privé le premier ministre britannique.

La rencontre tourne à l'aigre. Churchill, reproche à De Gaulle sa position et menace en rentrant à Londres de l'accuser publiquement d'avoir empêché l'entente. Puis De Gaulle se rapproche de Roosevelt. Le président américain, « moins brut de décoffrage » que le premier ministre britannique, se montre à la fois affable et attristé.

Il propose au général, de faire une déclaration commune, des « décideurs » français. De Gaulle consent, à condition que le texte ne lui soit pas dicté. Roosevelt s'enhardit et propose :

- Accepteriez-vous d'être photographié auprès du général Giraud ?

- Sans aucune retenue, j'ai la plus haute estime pour le général Giraud qui est un grand soldat ! Roosevelt pousse un soupir de soulagement, projetant sa demande peu plus loin.

- Accepteriez-vous de lui serrer la main devant les photographes ? De Gaulle, marque un temps d'hésitation.

- I shall do that for you ! *(Je le ferai pour vous !)*

Quatre sièges sont bientôt installés dans le jardin de l'hôtel, suivant « un plan de table bien établi ». Giraud s'installe à gauche, avec à ses côtés au centre Roosevelt et De Gaulle, Churchill siégeant le plus sur la droite. Une nuée de photographes et de caméramans, tous triés sur le volet, leur font face.

Un véritable film se tourne, sauf que les acteurs n'ont pas répété leurs scènes avant et qu'ils se présentent pour le moins empruntés. Roosevelt tient la vedette en se montrant souriant, pendant que Giraud fait penser à un simple figurant. Churchill avec son éternel cigare, « pourrait faire le rôle du méchant », tout en ruminant sa vengeance. De Gaulle même « s'il n'a plus l'âge de jouer les jeunes premiers » semble attendre son heure, en tirant sur une cigarette.

Puis vient le clou du spectacle avec la séquence de la poignée de main. Personne ne semble y croire, surtout pas les acteurs, le rideau peut tomber, sur 10 jours qui devraient changer le monde.

Avant de quitter Anfa, Charles de Gaulle, rédige un communiqué pour une diffusion radiophonique. Le texte est soumis à Henri Giraud, sans être présenté aux alliés. Ce dernier, le signe sans difficulté et sans correction. « Chers français, soldats, marins, aviateurs, fonctionnaires, colons d'Afrique du Nord, levez-vous aidez nos alliés, ne vous souciez pas de nous, ni des formules, une seule chose compte, le salut de la patrie ! »

De Gaulle, pense pouvoir se rendre en Lybie où combattent les troupes françaises, mais les alliés s'y opposent. De mon côté, je me trouve un peu désœuvré, sans consigne particulière. Gaston Palewski, me propose alors, de prendre place dans l'avion que les anglais ont affrété pour leur retour à Londres.

Le départ est fixé au 26 janvier. Au retour, nos discussions tournent davantage sur les décisions prises par les alliés, que sur les problèmes franco-français. Anglo-américains s'accordent, à la conférence de presse Roosevelt pour exiger une reddition sans condition des forces de l'axe, ainsi qu'une remise à la justice des responsables des atrocités.

Il est aussi question d'accentuer l'aide à l'union soviétique, en ouvrant dès que possible un deuxième front à l'ouest, d'envahir prioritairement la Sicile, puis le reste de l'Italie, dès la fin des combats en Tunisie. Concernant la France, nous restons dans une sorte de statu quo, avec une direction conjointe Giraud-De Gaulle, de l'ensemble des forces françaises en guerre.

La période passée en Afrique du Nord, m'a un peu coupé de l'actualité se déroulant en Europe. Hitler, dans sa rage destructive, lance une grande offensive sur la Yougoslavie. Tito et son « armée fantôme » se défendent face à une coalition de 40 000 soldats composés d'Allemands, d'Italiens et d'Oustachi (*Nationalistes croates fascistes.*) Tito, abandonne son QG, pendant que ses partisans se replient au sud, dans leur bastion du Mont Durmitor au Monténégro. Les locaux, harcèlent ensuite les troupes de l'Axe, par de brèves contre-attaques mêlées d'embuscades violentes, pour faire reculer l'assaillant.

Néanmoins, tous les regards se tournent d'abord vers Stalingrad. Le dernier îlot de la 6ᵉ armée du Général Paulus, vit ses derniers jours. Scindé en deux, au nord et au sud de la ville, avec la perte du dernier aérodrome de Gumrak, l'armée allemande se retrouve désormais privée de tout ravitaillement, sans possibilité d'évacuer ses blessés. La folie s'empare parfois des forces du Reich. Ainsi le général von Hartmann commandant la 71ᵉ division d'infanterie, grimpe sur un remblai avec une carabine pour tirer sur les soviétiques, avant qu'une rafale ne le fauche définitivement.

Afin d'éviter une longue agonie pour ses hommes, Paulus câble le message suivant à son Führer : « La poursuite de la défense, devient inutile, écroulement inévitable ! » La réponse d'Hitler se veut sans pitié : « Capitulation interdite ! La 6ᵉ armée, tiendra ses positions jusqu'au dernier homme et jusqu'au dernier assaut... »

Chapitre 5 : Les pubs ont des oreilles.

Nous voilà de retour sur l'aérodrome de Northolt, pour un dernier au revoir. Le général De Gaulle me tend la main, avant de m'adresser un message du Chef de la résistance à d'autres résistants, sous forme de symbole en insistant sur les noms de code :

- Dites-moi « Grenelle », lorsque vous verrez « Passy », vous lui direz qu'il se fait trop rare au 4 Carlton Gardens ! (Q.G *de la France Libre).*

- À vos ordres mon Général ! Je n'y manquerai pas !

Le lendemain, justement je suis dans le bureau du Colonel Dewavrin « alias Passy », pour débriefer de mon expérience Nord-Africaine. Après les banalités du moment, nous entrons dans le dur et je décide de revenir « sur la fuite » concernant mon identité :

- Mon colonel je suis très inquiet, lorsque j'ai rencontré le général Giraud, il ne connaissait rien de mon passé ! Par contre le général Clark, savait tout de ma biographie et sur mon changement d'identité !

Après un temps de réflexion, Dewavrin entre alors dans une de ses colères noires et se met à hurler :

- Jacqueline, faites-moi venir immédiatement Lecot et Martin !

41

Il ne se passe pas plus de deux minutes, avant que les deux officiers ne pénètrent dans le bureau et sans les faire asseoir, Passy les apostrophe :

- Qui était au courant du changement d'identité de Grenelle ? Jacqueline restée dans l'embrasure de la porte, répond de sa voix douce.

- Tout le service mon colonel ! Dewavrin, n'a pas l'air convaincu.

- Qui d'autres ?

On entendrait une mouche volée, chacun se tait. Toujours aussi cassant le colonel reprend :

- Écoutez tous les quatre, vous vous débrouillez comme vous voulez, je veux savoir d'où vient la fuite ! Si nous avons quitté Carlton Gardens, ce n'est pas pour retrouver les mêmes problèmes, ici à Duke Street ! Rompez !

La journée au bureau, se poursuit dans une ambiance lourde. Le soir, nous décidons tous les quatre, de nous retrouver au pub « The Golden Fleece » pour fêter nos retrouvailles et pour parler du problème qui nous préoccupe. Jean Martin, aborde le sujet le premier :

- Pierre, penses-tu que la fuite puisse venir du service ?

- Je suis persuadé que l'information n'a pas été lâchée, volontairement ! Maintenant avant de savoir qui ? Il faut se poser la question, de savoir comment ? Georges Lecot abonde dans mon sens.

- Je suis d'accord avec Pierre ! Une fois que nous saurons de quelle manière l'info a fuité, il sera toujours temps de trouver le coupable ! je fouille dans ma mémoire.

- J'ai changé d'identité, le lundi 16 novembre et je suis arrivé en Afrique du Nord, le lundi 4 janvier ! Jacqueline soupire.

- Un mois et demi à peine, pour que les américains savent tout de toi, c'est un peu rapide !

Au même moment, un gars en civil rigole bruyamment au bar, entouré de filles et de quelques militaires. J'interroge mes compagnons de table :

- Connaissez-vous ce type ? Jacqueline répond en souriant.

- Il s'appelle Bob Moore, c'est le correspondant du « New York Times » à Londres ! Il passe son temps à draguer les filles ! Jean Martin en rajoute une couche.

- Une fois, il s'est approché un peu trop de Jacqueline, j'ai dû le remettre à sa place ! je réfléchis une seconde.

- Un journaliste qui traîne dans ce pub, pourrait être un début de piste intéressant, pour l'affaire qui nous concerne ! Lecot acquiesce.

- Pourquoi pas ! Il faut bien partir de quelque chose ! Jacqueline, sait presque tout de lui.

- Il crèche au Saint James Hôtel, dans le quartier Mayfair ! Martin s'inquiète.

- Comment le sais-tu ?

- Il m'a invité deux fois à le rejoindre ! Je te rassure, j'ai décliné l'invitation ! je me frotte les mains.

- Pour l'instant, je n'ai pas de mission particulière, je vais pouvoir enquêter sur ce « Monsieur » !

Aussi dit aussi fait, je me pointe en civil le lendemain matin à 8 heures devant l'Hôtel, pour attendre sa sortie. Trente minutes plus tard, je le vois sortir bras dessus, bras dessous avec une splendide créature blonde. Ils discutent ensemble deux minutes sur le trottoir, avant que la fille ne s'engouffre dans un taxi. De son côté, il se dirige vers Hyde Park, à proximité de l'Hôtel., avant de s'asseoir sur un banc près du plan d'eau « The Serpentine ». Il fait froid, mais le ciel est dégagé, un officier américain le rejoint ensuite, et s'installe auprès de lui.

La conversation ne s'éternise pas, je distingue que Moore glisse discrètement une enveloppe dans la poche de l'officier. Puis les deux hommes se séparent. À choisir, je continue de filocher le journaliste. Dès la sortie du parc, il s'engouffre dans la station de Métro d'Hyde Park Corner, avec la densité de la foule, je manque de le perdre. Finalement, nous nous retrouvons devant l'antenne du « New-York Time », dans laquelle il pénètre.

Je me dis, qu'il est inutile de passer une partie de la journée devant les locaux du quotidien et je retourne au bureau. Je croise alors le commandant André Manuel*, représentant un peu « l'éminence grise » de Passy :

- Mon commandant, je peux vous parler en particulier ?

- Oui naturellement, venez dans mon bureau !

- Êtes- vous au courant des informations, que possèdent les américains à mon sujet ?

- Oui, nous en avons discuté ce matin avec Passy !

- J'ai des doutes sur un journaliste du « New York Times » du nom de Bob Moore ! Qu'en pensez-vous ?

- Votre suggestion n'est pas inintéressante ! Les autorités américaines, traquent toutes les informations, qu'ils peuvent collecter sur la France Libre en général et « le Général » en particulier ! La presse reste une de leur principale source d'informations ! Vous pourriez représenter, « une sorte de victime collatérale » ! Continuez à creuser cette piste et tenez-moi informé !

Le soir, je retourne seul au pub. Moore poursuit son numéro de charme auprès des nanas du bar, tout en plaisantant avec des militaires. Je me rapproche discrètement pour commander une bière, sans qu'il me prête attention. Il pose beaucoup trop de questions, aux uns et aux autres. D'un côté, on peut penser qu'il fait son boulot de gratte papier, pour son « canard », mais de l'autre en réfléchissant, je trouve que certaines de ses interrogations sont trop insidieuses.

Un journaliste franc du collier, se montrerait plus intègre et discret. Il propose non seulement des tournée de bière, mais aussi … des pots de vin. Ma conviction se précise, je pense qu'il s'agit de « mon client ! »

Le lendemain, je refais le guet devant l'Hôtel Saint James. La surveillance est d'autant facilitée, que la rue se termine en cul de sac, donc impossible de le louper. Comme la veille, il sort vers huit heures et demi toujours accompagné d'une fille. Ce n'est pas la même, il s'agit d'une grande rousse, plutôt charpentée. Ils s'arrêtent à la station de bus de Park Lane, je n'ai aucun mal à les suivre.

Nous voilà à la découverte de Londres. Nous passons devant Buckingham Palace, que nous laissons sur notre gauche. La demoiselle se prénomme Margaret et parle avec un fort accent que l'on entend plus généralement, dans les bassins miniers du Pays de Galles. « Elle laisse son compagnon d'un jour » à Victoria Station, pendant que nous poursuivons notre route pour traverser la Tamise par Chelsea Bridge Hall. Moore, finit par descendre peu après, pour continuer à pied. Je comprends rapidement sa destination, lorsqu'il s'engouffre dans Nine Elms Lance. Le 33 représente le siège de l'Ambassade des États-Unis.

Bon, vous allez me dire qu'un citoyen américain se présentant à l'Ambassade de son pays, n'a rien d'extraordinaire. Néanmoins, vous conviendrez que mon dossier sur « Mister Moore », commence à s'étoffer sérieusement. Comme convenu, je fais mon rapport au commandant Manuel en rentrant.

- Bonjour Grenelle où en êtes-vous ?

- Moore continue de fréquenter « The Golden Fleece » à la recherche de renseignements, puis en général, il finit sa nuit avec une fille différente de la veille ! Aujourd'hui, il s'est rendu à l'Ambassade des États-Unis !

- De mon côté, j'ai activé nos services, sur Londres et New York, je devrais avoir un retour sous 48 heures !

- Très bien, dois-je continuer de le filocher ?

-   Non, je pense que vous n'en saurez pas plus ! Et puis à la fin, il va bien finir par vous repérer !

Le lendemain, en début d'après-midi, Passy me fait venir dans son bureau. J'ai toujours une certaine appréhension, quand je n'en connais pas la raison.

-   Bonjour Lieutenant, vous pouvez vous asseoir ! Manuel, devrait nous rejoindre dans quelques minutes, avec sa conclusion de l'enquête sur Moore ! De plus, vous êtes convoqués le mercredi 3 février à 10 heures précises au 4 Carlton Gardens ! (*Siège de la France Libre*). sa tonalité se montre si ferme, que je m'attends au pire.

-   Je peux en connaître la raison mon colonel ? un sourire éclaire bientôt l'impassibilité de son visage, et sa voix se radoucit.

-   Naturellement, vous allez recevoir la médaille militaire des mains du général De Gaulle ! décidément, je n'arriverai jamais à me faire à son côté pince sans rire.

Nous attendons toquer à porte du bureau, Manuel apparaît dans l'entrebâillement. Dewavrin, pose le premier la question :

-   Alors André, pour Moore ? le commandant s'assied et ouvre une chemise.

-   Notre agent de New York vient de me câbler la dépêche suivante, Bob Moore est un nom de plume, il s'appelle en réalité Robert McLaughlin ! Il est né le 8 avril 1912 à San Francisco, de parents d'origine irlandaise ! Officiellement, il a bien une carte de presse et travaille effectivement pour « Le New York Times » ! Son journal, l'a détaché à Londres en septembre 1939, au moment de la déclaration de guerre ! Passy le relance.

-   Je suppose que la partie « officieuse », devient plus intéressante ?

- Notre agent, le soupçonne fortement de faire partie du S.I.S *(Spécial, Intelligence, Service, réseau de renseignements américains).*

Nos regards à Manuel et moi se fixent sur Passy, dans l'attente d'une réponse de sa part. Il semble hésiter, le commandant finit par reprendre la parole :

- Que faisons-nous ? On méprise ? On neutralise ? cette fois le colonel hausse le ton.

- Ni l'un, ni l'autre ! Dans un premier temps nous prévenons, Carlton Gardens, bien sûr, ensuite nous mettons Moore sous surveillance ! Il est hors de question de l'éliminer, nous avons suffisamment de problèmes avec les ricains, sans en rajouter d'autres ! je tente une dernière question.

- Arrêtons-nous l'enquête en interne ?

- Je vais y réfléchir ! De toutes façons, il s'agit d'une indiscrétion involontaire de l'un de nous ! La priorité revient à border nos contacts, pour que ce genre d'incident ne se reproduise plus ! Je vous tiens au courant !

Lundi 1er février, nous sommes tous à l'heure pour le briefing hebdomadaire. Passy prend la parole : « J'ai une bonne nouvelle, Paulus a signé la réédition de son armée hier à Stalingrad ! » Des cris de joie suivis d'applaudissements se font entendre dans la salle. Nous savons tous la signification de cet acte. L'armée allemande, invincible depuis le début de la guerre, c'est-à-dire depuis 40 mois, subit son premier revers significatif. Tout devient désormais possible, pour les alliés jusqu'à la victoire finale. Le colonel reprend : « Paulus, n'a pas signé de capitulation générale, mais seulement un document concernant la partie sud de la poche. Les allemands tiennent encore solidement la position nord, commandée par le général Strecker* dans une usine de tracteurs. Toutefois, il ne s'agit plus que d'une question de jours, voire d'heures, pour mettre un point final à la bataille de Stalingrad ! »

« Jeunes gens, je voudrais modérer votre enthousiasme ! La fréquentation du pub « The Golden Fleece » est désormais interdite, jusqu'à nouvel ordre ! La prochaine fois, les uns et les autres vous saurez tenir votre langue ! » La joie, fait place à une rumeur de déception.

Une fois la réunion terminée, je me retrouve dans le bureau de Passy avec Manuel, Lecot et Martin. Le colonel croit bon de se justifier :

-   Pour moi « la parenthèse Moore » se referme ! Carlton Gardens partage mon opinion, nous le maintenons sous surveillance sans intervenir !

Nous sommes tous surpris, par sa réaction. Je prends le parole :

-   De quelle manière mon Colonel ? Le pub reste notre meilleur moyen pour le surveiller !

-   Si j'ai interdit sa fréquentation, c'est pour éviter les grands rassemblements et les beuveries qui en découlent, où les langues se délient ! Manuel, va mettre en place un système de surveillance, avec un roulement de deux hommes pas plus, en changeant régulièrement le binôme !

Chacun écoute sans l'interrompre, en attendant la suite :

-   Bon si je vous ai demandé de venir, ce n'est pas uniquement pour vous parler de Moore ! Il y'a beaucoup plus préoccupant ! Vichy, vient de créer une milice dirigée par Joseph Darnand, sous l'autorité de Laval ! En clair, ça signifie plus de menaces et plus de répression pour nos réseaux sur tout le territoire français ! Lecot réagit.

-   De notre côté que pouvons-nous faire ?

-   Je dois voir « Le Général » mercredi prochain, pour une remise de décoration ! Nous aviserons ensuite ! Pour faire simple, je pense qu'il va être nécessaire d'envoyer quelqu'un sur le terrain en France, pour avoir une expertise ! Martin sourit.

-   Grenelle, pourrait être l'homme de la situation !

48

- Vous ne croyez pas si bien dire ! Mallet faisait partie du B.M.A *(Bureau des Menées Antinationales)* jusqu'en novembre dernier ! Il est celui qui connaît le mieux le fonctionnement de Vichy, de nous tous !

Les craintes de Passy se confirment. Un grand rassemblement a lieu dans l'Hôtel Thermal, au siège du gouvernement vichyste. La cérémonie se déroule sur fond de drapeau tricolore avec une prise d'armes de la nouvelle Milice française, en présence du Secrétaire Général Joseph Darnand, de Pierre Laval *(Premier Ministre)*, de l'Amiral Charles Platon* *(Ultra de la collaboration)*, d'Abel Bonnard* *(Ministre de l'éducation)* et de Paul Marion* *(Secrétaire d'État à l'information)*. Dans son discours, Laval se montre on ne peut plus clair : « La nouvelle Milice, doit s'engager à poursuivre et intensifier la lutte contre les gaullistes, les juifs, les francs-maçons et les communistes, ainsi qu'à tous les opposants à la politique de collaboration avec l'Allemagne nazie ! »

Mercredi 3 février 9 heures et demi, je suis bien présent au 4 Carlton Gardens pour recevoir ma médaille militaire. Je me remémore, les circonstances de l'attribution de ma première décoration, la croix de guerre, reçue par courrier sur mon lit de l'hôpital à Compiègne (*voir « Les sacrifiés de l'an 40)*. Nous sommes cinq récipiendaires à attendre dans la cour, un colonel, deux lieutenants-colonels, un commandant, je suis donc le seul officier subalterne. Un peloton de la France Libre, attend arme au pied pour rendre les honneurs.

Le général De Gaulle, s'entretient seul à seul pour l'instant dans son bureau, avec le colonel Dewavrin. Pendant ce temps, je discute tranquillement avec Georges Lecot et Hettier de Boislambert que je retrouve avec plaisir, après notre séjour de Casablanca. Il est un peu moins de 10 heures, quand le « Général » et Passy sortent du bâtiment. Instantanément, le peloton s'aligne pour se mettre au garde à vous.

Un aide de camp, nous invite à nous positionner dans son prolongement je suis le dernier de la file. Le « Général », salut la troupe avec le colonel à deux pas derrière lui, qui fait de même.

Il arrive à la hauteur du premier récipiendaire, un soldat portant un coussin avec les décorations se tient en arrière. Il accroche la première médaille, salut l'officier et se contente d'une phrase laconique en lui serrant la main : « heureux de vous avoir connu ! » L'opération ne dure pas plus d'une minute. Dewavrin de son côté, se contente de saluer et de serrer la main sans dire un mot.

Le rite continue pour les suivants. Au fur et à mesure qu'il se rapproche, je sens en moi monter une certaine tension. J'ai les poils qui se dressent sur ma peau. Cette fois il arrive à ma hauteur, j'ai l'impression que mes jambes vont se dérober, d'autant qu'il semble prendre plus de temps avec moi, que pour les autres !

Au moment de fixer le ruban, son regard semble hypnotiser par les galons de mes épaulettes. Au lieu de la phrase sibylline, il me lance :

- Vous ne savez pas coudre ?

Derrière Dewavrin, se retient de pouffer de rire. Pour la circonstance, il apprécie mieux que moi le deuxième degré...

Chapitre 6 : Dans les petits papiers du Général !

Lundi 8 février, suivant le rituel, nous sommes en conférence, dans la grande salle du 10 Duke Street. Passy aborde, le sujet d'actualité du jour, le limogeage du comte Galeazzo Ciano par le Duce Benito Mussolini, qui n'est autre que son beau-père.

Ministre italien des Affaires Etrangères depuis juin 1936, marié à Edda Mussolini, fille aînée du Duce depuis avril 1930, Ciano tombe ainsi en disgrâce. Mussolini fait payer à son gendre, les revers de son armée en Albanie et en Éthiopie.

Le peuple italien, a perdu depuis un certain temps toute illusion envers ce « César de pacotille », vainqueur vantard, promettant la restauration de l'Empire Romain. Les divergences entre le beau-père et le gendre, ne datent pas d'hier. Ciano s'oppose depuis un certain temps au côté « va-t'en guerre du Duce », en proposant la solution d'une paix séparée aux Alliés.

L'opinion italienne, penche de plus en plus de son côté, d'importantes grèves éclatent dans le Nord industriel, avec pour slogans : « du pain, la paix et la liberté ». Mussolini, impose une reprise en main, d'autant que les troupes anglo-américaines, vont prendre bientôt le contrôle en totalité de la Tunisie, dernière étape avant l'invasion de l'Italie.

Mussolini, pour éviter une occupation de son pays, propose à Hitler de négocier une paix séparée avec Staline. Les troupes allemandes engagées à l'Est pourraient, ainsi prêter main forte à l'armée italiennes, afin d'éviter un débarquement par la Sicile. Sa demande reste vaine, néanmoins la nomination du comte Ciano comme ambassadeur auprès du Saint-Siège au Vatican, pourrait relancer l'idée d'une paix séparée.

Une fois la réunion terminée, Passy me demande de le rejoindre dans son bureau :

- Nous avons rendez-vous vendredi prochain avec le général De Gaulle, au siège de la France Libre ! je décide de le jouer sur le ton de la plaisanterie.

- Je suppose que ce n'est pas pour remettre une autre médaille, ou « pour m'apprendre à coudre ? » je fais un flop, Dewavrin ne rigole sans doute que de ses propres plaisanteries.

- Lieutenant l'heure est grave ! Afin de lutter efficacement contre la milice de Darnand, il devient indispensable de réunir les différents groupes de résistance en France et de les fédérer à la France Libre !

- « Le Général », ne compte pas sur moi pour cette mission tout de même ?

- Non, pas directement en tous cas ! Il va envoyer un émissaire en France, qu'il va nous présenter vendredi et que vous serez amené à épauler dans quelque temps !

J'admets, que je ne m'attendais pas du tout à ce type de proposition et je me demande, si je suis digne d'une telle confiance. Toutefois, je ne montre pas le moindre signe de surprise et je me contente de répondre par un laconique : « Bien mon Colonel ! » Il me reste trois jours pour réfléchir à cette nouvelle mission et pour me préparer à l'entretien avec Charles De Gaulle. J'avoue que je ne me sens pas « faro », à chaque fois que je me suis trouvé en sa présence, j'ai eu l'impression de perdre une partie de mes moyens.

Manuel a fait le planning de surveillance pour Moore. Mardi soir au pub, je fais équipe avec Jacqueline Girard. Je suis étonné que le capitaine, n'ait pas choisi d'associer « la belle » à son fiancé Jean Martin. Elle m'en donne les raisons :

- Tu sais Pierre, Jean à une véritable détestation pour Moore et ses méthodes avec les filles ! De plus maintenant qu'il sait qu'il roule pour le S.I.S... !

- Je vois André *(Manuel)*, veut à tout prix éviter un clash entre les deux !

Le journaliste, déroule son numéro de charme habituel avec les filles au bar. Il s'étonne auprès du serveur, d'une fréquentation moindre des militaires français depuis la semaine dernière. Le garçon lui indique qu'il l'a constaté également, sans en avoir l'explication. De mon côté, même si la compagnie de Jacqueline est loin de me déplaire, je ne vois pas bien l'intérêt de notre mission :

- Tu ne crois pas qu'au lieu de perdre notre temps, il n'aurait pas été plus simple, de lui filer une fille dans les pattes, tous les soirs pour le surveiller !

- Oui sûrement ! Après, vu le turnover, il faudrait pouvoir recruter !

- Si tu veux, je peux proposer à Manuel, que tu te dévoues pour la première nuit ? Jacqueline éclate de rire.

- Je te conseille d'en parler à Jean, avant !

« Bob le charmeur » a trouvé « son oreiller du soir », il embarque une grande brune. Nous n'avons plus qu'aller nous coucher, chacun de notre côté.

Vendredi 12 février, nous voilà avec Dewavrin dans le bureau du général De Gaulle. Un homme sourire aux lèvres, attend assis sur une chaise. Après avoir salué le « Général », Passy échange une poignée de main ferme avec l'inconnu.

Le leader de la France Libre fait les présentations :

- Grenelle, je vous présente « Rex » !

Le général ne révèle rien de sa véritable identité, mais nous fait un retour de l'évolution de la situation en Afrique du Nord :

- Finalement Giraud, commence à prendre en compte les changements depuis la conférence de Casablanca. Il est prêt à condamner définitivement le régime de Vichy et déclare ne pas avoir de préjugés racistes ! Puis il cède la parole à « Rex ».

- Le 26 janvier dernier à Miribel dans l'Ain, j'ai réuni les trois principaux groupes de résistance de l'ancienne zone libre, « Combat » d'Henri Frenay, « Franc-Tireur » de Jean Pierre Lévy et « Libération » d'Emmanuel d'Astier de la Vigerie. Cette entrevue a autorisé la création du M.U.R (*Mouvement, Unitaire, de la Résistance*), structurant et permettant une coordination de ces différents réseaux ! De Gaulle intervient.

- Le nouvel objectif, devient de fédérer les réseaux de la zone nord dans les trois mois ! Rex acquiesce.

- Pour cela, j'ai besoin de relais ! et s'adressant à moi : Vous pourriez être l'un d'eux ! Le général se montre plus directif.

- Grenelle, vous serez l'un d'eux !

Lorsque vous êtes officier subalterne dans l'armée et que le général De Gaulle vous fait une telle allégation, vous êtes dans l'impossibilité d'émettre la moindre objection. D'ailleurs avant que je ne fasse entendre le son de ma voix, Passy me précède :

- Bien mon général ! Nous allons faire le nécessaire pour que Grenelle soit prêt en temps et en heure ! puis il propose à « Rex » de lui fixer une rendez-vous lundi prochain dans l'après-midi au 10 Duke Street, pour établir les différentes modalités.

Ainsi se termine notre entretien. En sortant, je fais part de mes doutes à Passy :

- Mon Colonel, je ne me sens pas vraiment être la personne requise, pour cette mission !

- Écoutez Lieutenant, je ne partage pas votre pessimisme ! L'homme fort avec son mouvement « Libération Nord » sur Paris c'est Pierre Brossolette, que vous avez déjà eu l'occasion de rencontrer ici au BCRA. Il nous est tout acquis ! Vous pouvez déjà vous reposer sur lui ! Je vous rappelle que vous avez eu auparavant de nombreux contacts avec différents réseaux de résistances dans la zone occupée, pendant votre période au B.M.A de septembre 40 à octobre 42 ! De plus si vous avez d'autres candidats possibles à me proposer, je suis preneur ! je ne suis que vaguement rassuré.

- Évidemment, vu sous cet angle… ! puis il se sent obligé de rajouter une petite touche d'ironie, avec le sourire.

- Vous savez quand « le Général propose, l'exécutant dispose ! » bon d'une certaine manière, j'avais déjà remarqué.

La conférence du lundi, ne me laisse pas un souvenir impérissable, je suis sans doute déjà concentré sur mon rendez-vous avec « Rex ». Passy, revient sur le bombardement de la RAF sur la ville de Lorient, dans la nuit de vendredi à samedi. 466 bombardiers Lancaster, Halifax, Stirling et Wellington ont déversé un millier de tonnes de bombes, sur le port de la ville bretonne. Sept appareils, sont portés manquants. L'objectif étant de paralyser l'activité d'où partent les U-Boote, pour attaquer les navires marchands dans l'atlantique.

Néanmoins, on peut émettre des doutes sur l'efficacité de tels raids. Les sous-marins allemands, dorment dans des cavités bétonnées, pouvant résister au plus puissant bombardement. Déjà d'autres actions sont envisagées, comme miner l'approche des bases, ou entreprendre des actions de sabotages, sur les usines produisant les pièces détachées.

En attendant, des villes comme Lorient où Saint Nazaire, sont transformées en champs de ruines. Dewavrin se contente d'un laconique : « C'est sans doute le prix à payer ! »

Comme convenu, « Rex » arrive à Duke Street en début d'après-midi. Jacqueline Girard, participe à notre entretien et prend des notes. Je suis subjugué par le charisme de la personne que j'ai devant moi.

La fermeté de ses propos, tranche avec son côté affable. Je lui expose mon passé d'ancien combattant à Sedan, mon engagement au B.M.A, qui m'a amené à changer d'identité à l'envahissement de la zone libre, pour mieux disparaître.

Visiblement, mon profil l'intéresse. Il m'indique que je dois aller beaucoup plus loin, dans la transformation de mon personnage pour mon retour en France et me muer en véritable caméléon. Lui-même emploie de nombreux stratagèmes, en utilisant des postiches et en usant des noms de code différents, « Rex » devient « Max ».

Il me propose d'utiliser les quelques semaines qui me séparent de mon retour sur « la mère patrie », pour changer radicalement d'aspect physique. Je dois abandonner « la coupe incorpo » pour porter les cheveux longs, dans le style « zazou » en évitant leur accoutrement. (*Les zazous, représentent un mouvement de contre-culture au début des années 40, qui se distinguent par des tenues excentriques, en provenance d'Angleterre ou des États-Unis. Ils affichent librement leur amour pour le jazz et une attitude volontairement « je m'en foutiste ». Ils sont jeunes et de milieux aisés, pour venir provoquer les jeunesses fascistes du PPF de Jacques Doriot).* Enfin, « Rex » me demande de me laisser pousser la barbe.

Nous passons ensuite à l'aspect plus technique. Il s'agit de me trouver une couverture professionnelle, me permettant de circuler le plus facilement possible. La profession « de voyageur de commerce » semble la plus indiquée, reste à trouver le secteur d'activité et l'entreprise, pouvant m'accueillir. Nous ciblons, les premiers réseaux que je devrais contacter à mon arrivée en France. Le groupe « Morpain » en Normandie, le groupe « Manouchian » sur Paris, ainsi que le mouvement « Libération Nord » en m'appuyant sur Pierre Brossolette.

En le regardant, je suis intrigué par le foulard qu'il porte autour de son cou. Je lui pose la question en lui demandant s'il s'agit d'une coquetterie ? Il sourit, et me dévoile en dessous une vilaine cicatrice : « Non il s'agit d'une blessure de guerre ! » *(Arrêté par les allemands le 17 juin 1940, parce qu'il refuse de signer un protocole mettant faussement en cause des tirailleurs sénégalais, il est incarcéré et tente de se suicider en se tranchant la gorge avec des débris de verre. Depuis, il masque sa balafre, toujours dans l'optique de ne pas se faire repérer par l'ennemi.)*

J'ai passé avec Rex une agréable après-midi, fort constructive et nous avons prévu, de nous recontacter dès mon arrivé en France. Il se passe à peine 72 heures, lorsque Jacqueline me demande de repasser par son bureau :

- Pierre, je t'ai trouvé « ta couverture » pour ton voyage en France ! je piaffe d'impatience.

- Ah bon, quel rôle m'as-tu attribué ?

- Tu vas travailler comme agent commercial chez BF Goodrich, qui fabrique et commercialise des pneumatiques !

- Formidable ! Tu ne pouvais pas me trouver mieux, j'ai baigné dans le secteur automobile en faisant un stage à « La Lorraine » à Argenteuil et mon père possède un garage à Bois-Colombes ! Jacqueline dompte mon enthousiasme.

- Tout doux Pierre ! Je te rappelle la plus élémentaire des prudences, pour éviter de te faire griller ! puis elle sourit.

- Je ne sais pas si as vu ta tête dans un miroir ce matin ? effectivement, j'ai une barbe de trois jours.

- « Rex » m'a demandé de soigner mon look, je suis ses conseils !

- Plus sérieusement je vais te parler de ton contact ! Il s'appelle Ernest Dupré « alias Pàquis » adjoint au directeur du personnel de l'usine de Colombes !

- Bon, à quel moment dois-je le contacter ?

- Ce n'est pas encore défini ! Nous cherchons à régler ta logistique pour ton déplacement, soit par bateau, soit par avion ! Je te rassure nous allons t'éviter un parachutage ! *(Voir le tome deux « Nom de code Grenelle ».)*

Lundi 15 février, dans son intervention Passy confirme le repli de l'armée allemande sur le front oriental. Les troupes du général Golikov et ses tanks T34, viennent d'infliger une sévère défaite aux Panzers, dans la plus grande bataille de chars de l'histoire, à Koursk. La ville russe, représente le centre nerveux et stratégique des réseaux de communication. En conséquence, toutes les lignes d'Orel à Kharkov du général SS Hausser*, sont désormais sous la menace soviétique. Moins réjouissant, la Gestapo vient d'arrêter Jacques Renouvin, chef des Groupes francs, ainsi qu'Edmond Michelet responsable régional des M.U.R dans le limousin.

Alors que je suis toujours dans l'attente de mon départ pour la France, j'apprends que mon déplacement ne se fera pas avant fin mars, date prévue pour le retour de Rex. En gros à part écouter pousser mes cheveux et ma barbe, je n'ai pas grand-chose à faire. Je n'effectue même plus de surveillance sur Bob Moore, Passy considérant que je dois me faire le plus discret possible en vue de mon changement de morphologie. Par conséquent je bois un peu, mange beaucoup et finit par prendre deux ou trois kilos supplémentaires.

Je me contente de suivre l'actualité. Le 17 février, les allemands, transforment le vieux port de Marseille en amas de ruine sur 14 hectares. L'occupant veut sécuriser le lieu et éviter ainsi, un possible débarquement des Alliés à cet endroit.

Une fois n'est pas coutume, Passy doit assumer une convocation du Général le dimanche 21 février. Je ne suis pas de la partie. De Gaulle, doit finaliser le futur Comité National de la Résistance. Le chef de la France Libre, doit trancher dans un débat qui divise la résistance depuis des mois. Faut-il accueillir les partis politiques au sein du C.N.R ? Henri Frenay, estime que non, la libération du pays doit se faire à travers de nouvelles élites issues de la résistance et devront ainsi prendre le relais des partis.

Rex penche pour l'inverse, estimant que la résistance doit être un facteur d'union nationale, en intégrant les partis politiques engagés dans la lutte contre l'occupant.

Opinion partagée par Edouard Herriot et Léon Blum., ce dernier depuis sa prison de Bourrassol, a fait parvenir une lettre au général, dans lequel il déclare que la Résistance ne peut pas se passer des Partis. Après réflexion, le général De Gaulle, choisit la composition du C.N.R, comprenant des membres de la résistance, des représentants des partis et des syndicats ouvriers, tous en lutte face aux nazis et Vichy.

Mercredi 24 février, Dewavrin finit par me sortir de ma léthargie en me convoquant à son bureau. Je frappe naturellement avant de m'y introduire, la réponse se veut plutôt énergique :

- Oui Grenelle, entrez et asseyez-vous ! Le colonel écrit et lève un instant la tête de ses papiers, avant de se replonger dans son travail

- D'abord, j'aimerais que vous nous évitiez votre « allure de clodo », incompatible avec le port de l'uniforme ! Veuillez-vous présenter la prochaine fois en civil ! Je comprends qu'il soit nécessaire, pour « votre camouflage » de passer pour un clochard, néanmoins, j'en ai assez que vous soyez la risée du service !

- Bien mon colonel, je vais faire le nécessaire ! je pense au fond de moi : « J'espère, qu'il ne pas fait venir uniquement pour ça ? »

- Au fait, le général « vous à la bonne ! » je suis surpris par la question.

- Euh… oui peut-être…je n'en suis pas sûr ?

Je me méfie toujours de ses sous-entendus. Il extrait d'un tiroir une photo me représentant avec le général De Gaulle, lors de la remise de la médaille militaire.

- Merci mon colonel, mais je ne vois pas où vous voulez en venir ?

- Retournez la photo ! je découvre le verso qui porte la dédicace suivante « Au capitaine Fixin, officier de toute confiance, signé Charles De Gaulle le 20 février 1943. »

- Capitaine Fixin ? je mets un moment à m'en remettre.

- Oui, lorsque que l'on doit négocier avec des réseaux de résistance, c'est mieux d'avoir « une ficelle de plus » !

Il ouvre ensuit une boîte et me tend mes galons.

- Merci Capitaine, ce sera tout pour aujourd'hui !

Au moment où je passe le pas de la porte, il me relance :

- Ah, au fait Grenelle ! Vous pourrez toujours repasser par l'habillement, pour vos galons…puisqu'il parait que vous ne savez pas coudre !

Jacqueline qui vient de suivre la fin de la conversion, pouffe de rire, je me contente de lui tirer la langue…

Chapitre 7 : J'aime à revoir la Normandie.

Effectivement, le lendemain je repasse par l'habillement. Néanmoins, ce n'est pas pour faire coudre mes nouveaux galons, mais simplement pour rendre mes uniformes. Désormais, je suis condamné à déambuler en civil. Je tombe dans une certaine morosité à traîner ma misère. Jacqueline Girard s'en aperçoit :

- Pierre, je te trouve changé depuis que tu ne portes plus l'uniforme ?

- Non, j'en ai simplement marre de ne pas savoir à quel moment je vais partir ?

- Ne t'inquiète plus ! Ce n'est plus qu'une question de jours, j'ai appris que « Rex » vient de finir ses préparatifs !

Le matin en me levant, je n'ai plus à me raser, mais je me trouve une tête pas possible. Comme ma sœur, j'ai les cheveux qui bouclent et je n'arrive plus à les coiffer, je décide de mettre des tonnes de gomina. Je ne suis pas franchement convaincu par le résultat, dans ce cas, rien ne vaut l'avis d'une femme :

- Bonjour Jacqueline ! Comment trouves-tu mon nouveau look ? elle se met à rigoler.

- Pire ! Ah au fait ton départ est prévu par avion dans la nuit du 27 au 28 février ! machinalement je regarde le calendrier fixé au mur derrière elle.

- Très bien ! Il ne me reste plus que deux jours à patienter !

Le soir même, nous décidons avec Jean, Jacqueline et Drouot (Georges Lecot), de sortir tous en civil, dans un pub éloigné de « The Golden Fleece », pour fêter mon départ. La discussion tourne autour du Gloster Météor, premier avion de chasse à réaction de la RFA. Cet appareil doit être la réponse au Messerschmitt 262, déjà opérationnel dans la Luftwaffe. Puis les tournées de bière aidant, le « chambrage » commence, Jean s'adresse à moi :

- Dis-donc Pierre ce n'est pas frustrant, d'être nommé capitaine et de ne pas pouvoir faire admirer ses galons ? Jacqueline, vient à mon secours.

- Ne t'inquiète pas Pierre, Jean est jaloux, parce qu'il n'a encore que « deux ficelles », lui ! Drout se sent obligé d'en rajouter une couche.

- D'un autre côté, un capitaine en uniforme avec les cheveux longs gominés, représenterait une première !

Bref la soirée continue dans la bonne humeur. Les préparatifs me concernant se poursuivent. Je reçois une nouvelle carte d'identité française au nom de Pierre Fixin, avec au recto une photo récente de mon nouveau faciès. Ma date de naissance modifiée au 21 janvier 1920, lieu de naissance Paris, permet un vieillissement prématuré de dix mois, destiné à brouiller les pistes. Dans la rubrique profession, il est indiqué « Représentant ». Au verso l'article « signalement », précise signe particulier, porte barbe et moustache.

Samedi 27 février 21 heures, la Packard de l'état-major, m'attend devant le 10 Duke Street. Au moment où je m'engouffre dans la limousine, j'entends dans mon dos la voix d'André Dewavrin :

- Alors on n'attend pas Passy ? il est vêtu en civil.

- Vous m'accompagnez à l'aérodrome de Northolt ?

-   Non je voyage avec vous !

Je suis plutôt surpris par la démarche. Pendant que la voiture démarre, il m'explique qu'il doit rencontrer Pierre Brossolette dans le cadre de la mission « Arquebuse », toujours dans le but de réunifier les différents réseaux de résistance.

Le Lysander, qui nous attend doit faire escale comme c'était prévu près de Gisors pour me déposer, puis il poursuivra son vol jusqu'à Issoudun.

Quelque part, il s'agit d'un changement de stratégie. Au départ, je devais rencontrer moi-même « Brumaire » (*Brossolette*), l'ampleur de la mission et les doutes que j'ai émis sur le projet, ont-ils fait changer d'avis Passy ? Je n'ose pas lui poser la question. Il tient tout de même à me rassurer : « Ne vous inquiétez pas, chacun vit sa vie ! Nous referons le point avec « Rex », dans quelque temps, pour avoir un retour de nos différentes démarches auprès des réseaux ! »

Le vol se passe sans encombre, nous nous posons sur le terrain de fortune de Tierceville, l'atterrissage se veut un peu chaotique. Le pilote laisse tourner le moteur, je prends rapidement congé de Passy, qui me lance un dernier trait d'humour :

-   Je ne vous fais pas payer le taxi, c'est pour moi ! Good Luck ! dans mon dos j'entends la voix de « Maria la Louve » *(voir nom de code Grenelle).*

-   Salut Pierrot, ne traînons pas !

Déjà le Lysander s'aligne face au vent pour redécoller. Nous prenons la direction de la cabane de Marie. Le lieu n'a pas changé depuis mon dernier séjour. J'ai l'impression que c'était hier, sauf que je n'étais pas sur mes deux jambes la dernière fois. L'électricité fait toujours défaut. Marie allume la lampe à pétrole posée sur la grande table de ferme, elle n'a pas changé, toujours la même dégaine avec sa combinaison de chantier, ses cheveux taillés encore plus courts, tranchent avec ma coupe. Puis, elle se tourne vers moi et éclate de rire :

- Heureusement que j'ai reconnu ta voix, tu es méconnaissable !

- C'est le but recherché ! Quelle est la suite du programme ?

- Cette nuit tu dors ici, je ne fais pas de feu pour ne pas attirer l'attention des patrouilles, mais je t'ai apporté des couvertures supplémentaires ! Demain nous venons te chercher avec « Riton » (*Henri Bourreau, le « radio-crypter »* *du secteur)* pour un premier déplacement au Havre !

J'ai droit à deux bisous sur les joues avec qu'elle ne s'éclipse. Effectivement, il ne fait pas chaud je m'enroule dans les couvertures en essayant de trouver le sommeil. Je n'arrête pas de me poser des questions, pourquoi Passy a-t-il changé d'avis ? Quels accueils vont m'être réservés dans les différents réseaux ? Suis-je capable de faire le poids par rapport à un Dewavrin, à un Brossolette, ou à un Rex ? Puis je finis par m'endormir.

Le chant des oiseaux me réveille au petit matin. Il est 7 h30, Marie arrive dans la foulée :

- Quoi, pas encore levé et le café n'est pas prêt !

Elle se dirige dans la souillarde à provisions et s'active, sort miche de pain et confiture, avant de faire chauffer le café sur le réchaud. Je suis toujours étonné de se son stock de provisions, dans l'époque que nous traversons. De mon côté, compte tenu de l'installation sanitaire précaire, je me contente d'une toilette de chat en me passant de l'eau sur le visage et sur la partie haute du corps.

Une fois fait, au moment où je me mets les pieds sous la table, Henri Bourreau, fait son apparition. Marie sort un autre bol :

- Tu tombes bien « Riton » c'est l'heure du caoua !

- Bon ok, mais nous allons éviter de traîner avec Pierre, je voudrais que nous puissions rejoindre Le Havre pour la fin de matinée ! je veux en savoir plus.

- Nous devrions mettre combien de temps ?

- Nous avons 140 bornes à faire, je pense entre deux heures et deux heures et demi, en fonction des contrôles !

- Et ensuite, notre point de chute ?

- Nous devons nous rendre au 59 rue du Carrousel à Sainte Adresse, une banlieue située entre Le Havre et Montivilliers !

Le temps passe nous finissons par prendre la route. Marie me souhaite bonne chance et espère me revoir bientôt. Je ne sais pas grand-chose du « Groupe Morpain », avec lequel nous avons rendez-vous. Par contre Henri, en contact régulièrement avec ses membres, me fait l'historique dans la voiture.

Fondé en août 1940, par une association de jeunes pongistes havrais, bien décidés à en découdre avec l'occupant, Maurice Houllemare* en devient le leader, avant de confier les rênes à une personne plus âgée Gérard Morpain*, d'où le nom du Groupe. Gérard Morpain, sera arrêté en juin 1941 sur mouchardage. D'autres dénonciations entraînent 48 arrestations supplémentaires, pendant le mois de juillet. Morpain sera ensuite exécuté au Mont Valérien avec trois de ses camardes, le 7 avril 1942. Depuis Henri Chandelier* a repris le flambeau.

Notre parcours se déroule sans anicroche, avec un seul contrôle de routine à la hauteur de Oissel au sud de Rouen. Police française et Feldgendarmerie, marchent de concert pour la circonstance. Henri, m'explique que depuis quelques jours, les vérifications se font plus rares et que désormais, il n'y a plus de ligne de démarcation entre la zone Nord et la zone Sud.

Nous arrivons sur le coup de 11 heures, l'environnement est calme une partie des riverains est sans doute à la messe. Nous sommes au domicile de Maurice Houllemare. Je me présente naturellement comme le capitaine Pierre Fixin du B.C.R.A, Henri Bourreau me sert de caution. Autour d'Houllemare, sont présents les principaux acteurs de l'alliance, Henri Chandelier, Robert Hauchecorne* et Raymond Acher*. Un cinquième homme complète la tablée, il s'agit de Lucien Le Borges*, alias Gaston, le faussaire du groupe.

Je comprends rapidement que le réseau est extrêmement structuré. Chaque membre autour de la table, se voit confier la responsabilité d'une zone allant du Havre à Harfleur. Le tout constitue près de 100 personnes au total.

Je me rends compte également qu'il ne s'agit pas de « têtes brûlées », leurs opérations sont plus défensives qu'offensives, basées sur le renseignement et le paramilitaire. Tout acte terroriste, ou de sabotage, n'entre pas dans leur plan d'action.

Le sous-groupe du port dirigé par un comptable nommé André Brunel*, avec le concours de Robert Salgues*, chef de bureau commercial du port maritime et la complicité d'André Pitoors*, ingénieur TPE, permet d'infiltrer la zone interdite et de récupérer des documents concernant les ouvrages fortifiés et les mouvements de la Krieg marine.

Chandelier, revient sur l'arrestation de Morpain et sur les effets pour le groupe. Un individu du nom de « Gouge* », censé faire partie de l'Intelligence Service, infiltre le réseau par l'intermédiaire de jeunes lycéens. En fait, il s'agit d'un mythomane vantard, qui attire bientôt l'attention des allemands. Arrêté, « il se couche » rapidement, avec les conséquences que l'on connaît. Houllemare, précise que depuis chacun d'entre eux redouble de prudence et je ne dois ma présence ici aujourd'hui, qu'à la confiance accordée à Henri Bourreau.

Nous passons ensuite à table et je peux développer, l'objet de ma mission. J'évoque la formation du M.U.R, qui a permis de fédérer les réseaux « Combat », « Franc-Tireur » et « Libération » par « Rex » dans la zone sud, en précisant qu'avec le Colonel Dewavrin et l'aval du Général De Gaulle, l'objectif est d'obtenir le même résultat sur la zone nord.

Les différentes convives, se tournent les uns vers les autres, puis Chandelier, me demande de les laisser délibérer entre deux plats. Je quitte donc la table avec Riton, pour aller me bourrer une pipe dans le jardin. Henri est impatient de connaître mon avis :

- Qu'est-ce que tu en penses ?

- Ils me font tous une excellente impression ! Ils sont venus plusieurs fois à la rescousse de pilotes de la RAF, pour leur faire retraverser le Chanel ! Je ne vois pas pourquoi, ils ne joueraient pas le jeu !

Houllemart, vient nous rechercher tout sourire. Nous reprenons place pendant que Chandelier, donne le résultat du débat.

- Nous ne voyons pas d'inconvénient à nous unir à d'autres réseaux de résistance, néanmoins pour l'instant ce n'est pas l'essentiel de notre préoccupation !

- Je vous écoute ?

- Rouen et Le Havre, sont les deux principales villes de la Seine Inférieure (*ex appellation de la Seine Maritime*) et actuellement, il n'existe aucune structure fiable sur la préfecture du département !

- Je vois !

- Vous comprendrez que dans ces conditions, il nous est impossible de conclure un accord proche de chez nous ! je réfléchis un instant.

- Je comprends ! Écoutez, je vous propose d'en avertir Londres, en leur demandant des moyens pour convertir la ville de Rouen à notre projet, et je reviens vers vous !

Finalement, j'ai l'impression d'être « un représentant » pas uniquement sur le papier. Henri ayant emporté sa radio, je transmets mon compte rendu de façon cryptée au BCRA dans l'après-midi. Il est désormais trop tard, à cause du couvre -feu, que nous reprenions la route. Maurice Houllemart, nous offre aimablement l'hospitalité pour la nuit. La discussion du soir, tourne sur l'actualité du moment. Maurice se montre dithyrambique, sur la progression des soviétiques face à l'armée du Reich et d'un optimisme sans borne pour la suite du conflit.

Lundi 1er mars, Henri et moi reprenons la route de bonne heure et de bonne humeur. Nous convenons que le plus simple consiste à me déposer à la gare de Gisors, pour que je prenne le train pour Paris.

J'aurais bien fait un détour par la poste de Tierceville, pour saluer « Maria la Louve ». Toutefois cette démarche devenue inutile, n'a pas lieu d'être, pour la plus élémentaire des précautions.

Le domicile du commandant d'Autreveaux* (*voir nom code Grenelle*), dans le 20ᵉ, doit me servir de point de chute. Là encore, je décide de jouer la carte de la prudence en faisant un détour par le café « Chez Léa », notre boîte à lettres, du temps où je travaillais pour le Bureau des Menées Antinationales à la Préfecture de Police.

Je passe devant le 36 de la rue Sibuet, avec une certaine nostalgie, en me demandant, qui peut désormais occuper mon ancien appartement ? Je m'engouffre ensuite dans la ruelle Leroy Dupré pour déboucher sur le boulevard de Bel Air. Ma montre indique 20 heures, Léa abaisse le rideau de fer de son bistrot :

-   Je regrette Monsieur je ferme !

-   Léa, c'est moi « Grenelle » !

La petite dame marque un temps d'hésitation, avant de me pousser à l'intérieur du café. La salle n'a pas changé, l'atmosphère sombre mêlée de crasse sur les murs, semble imprégnée d'odeur de tabac.

-   Vous ? vivant ? elle me fait asseoir avant d'aller chercher une bouteille de sa niole favorite avec deux verres.

-   Je vais vous expliquer ! À la dissolution du B.M.A, nous étions devenus personnes indésirables, pour les allemands et pour Vichy ! Après l'envahissement de la zone libre, j'ai préféré orchestrer ma propre mort, pour protéger ma famille !

-   Heureusement que j'ai reconnu votre voix, sinon je ne l'aurais pas cru ! Et maintenant ?

-   Je dois me rendre chez le Commandant d'Autrevaux, pour poursuivre ma mission !

-   Pour ce soir, il n'en est pas question à cause du couvre-feu ! Vous allez dormir dans l'arrière salle, j'ai un lit de camp !

Le lendemain, j'ai droit au petit déjeuner à un vrai café avec du pain du beurre et de la confiture.

- Dites-moi Léa, vous ne servez plus « votre jus » infect ? Elle éclate de rire.

- Ah non, « l'orge grillée » est destinée à la clientèle ! Celui-là vient directement du marché noir, je ne le sers qu'aux amis !

- Bon merci Léa, je vais me rendre chez le commandant !

- Sans vouloir vous donner d'ordre, je pense qu'il est plus sage que vous reveniez coucher ce soir ici !

- Effectivement nous ne sommes jamais assez prudents à ce soir !

Il me faut un petit quart d'heure pour rejoindre à pied, le boulevard de Bel Air au square Got. Le quartier est toujours aussi calme, avec des mères de familles qui surveillent des enfants en bas âge, jouant dans le jardin au pied des immeubles. Je sonne chez d'Autrevaux, le temps s'éternise avant qu'un œil inquisiteur n'apparaisse à travers le judas :

- Qu'est-ce que c'est ?

- C'est moi « Grenelle » ! la prunelle me fixe toujours.

- D'où venez vous ?

- De chez Léa ! les verrous de la porte se débloquent enfin.

- Entrez ! Je ne vous ai pas reconnu, vous êtes méconnaissable !

- Bon au moins mon camouflage est efficace !

- Je vous attendais hier soir ?

- J'ai préféré assurer par notre « boîte à lettres » !

- Sage précaution, je suppose que vous y retournez ce soir !

- Oui ! Passons aux choses sérieuses ! Vous avez reçu des instructions me concernant ?

- Avant toute chose, vous avez rendez -vous demain mercredi, à l'heure du déjeuner, au 134 boulevard de Valmy à Argenteuil avec « Pâquis » ! Il s'agit de peaufiner votre couverture de représentant chez Goodrich ! Deuxièmement, voici une liste de réseaux à contacter sur Paris ! je me penche sur la feuille, il n'y a que quelques noms, qui ne m'apparaissent pas de première importance.

- Je ne comprends pas le « Front National de la Résistance » (*Principale réseau Communiste sous la direction de Pierre Villon)* n'y figure pas !

- Oui Passy et Brossolette s'en chargent directement ! ainsi encore une fois, je suis relégué aux tâches secondaires. Je réfléchis quelques secondes.

- Et le « Groupe Manouchian » ? (*Des Communistes de l'étranger, formant les F.T.P)*. D'Autrevaux semble hésiter.

- Je ne vois pas très bien comment les contacter... À moins de passer par le colonel Hauet (*voir « Nom de Code Grenelle)* ! Ce n'est pas un objectif prioritaire ! Et puis avec ce genre d'individus, je vous conseille la plus grande prudence...

Chapitre 8 : Le tour des popotes.

Mercredi 3 mars, me voilà gare Saint Lazare, pour prendre le train de banlieue en direction de Colombes. La ligne bien sûr m'est familière. J'ai beau connaître le quartier, je me suis fait piéger, je suis descendu une station trop tôt. Du coup, je dois parcourir un bon vingt minutes à pied, pour me rendre à mon rendez-vous.

J'arrive « au Château de Biffinville », le mot château est très exagéré, il s'agit d'un établissement plutôt banal. Il est midi passé je me présente au bar :

- Pierre Fixin, j'ai rendez-vous avec Monsieur Dupré ! la tenancière, une dame sans âge me tend une clef.

- Il n'est pas encore arrivé ! Si vous voulez bien déposer vos affaires dans votre chambre en attendant !

Elle me désigne de la tête un escalier. Rien n'indique que le restaurant fasse également hôtel. Ma chambre se trouve au premier étage, le temps de me passer les mains au lavabo du coin toilette, et je redescends dans la foulée au comptoir. Une main m'agrippe par l'épaule :

- Pierre Fixin bonjour, je suis Ernest Dupré ! Allons-nous asseoir, une table nous attend !

Dupré, a le physique parfait du gars que l'on ne remarque pas. Il est légèrement dégarni, de petite taille, porte de fines lunettes rondes cerclées de métal et semble étriqué dans son costume gris :

- Vous avez fait connaissance de « Couillotin » ?

- De qui me parlez-vous ?

- Madame Legoux*, la patronne, tout le monde l'appelle ainsi !

- Ah oui, je ne savais pas que l'établissement faisait hôtel ?

- En fait non, il ne dispose que de quatre chambres d'hôtes ! Couillotin fait partie des nôtres ! Elle ne loue que ponctuellement, « pour des missions spéciales ! » Vous serez bien ici, isolé et au calme !

- J'ai remarqué en venant, que le quartier à particulièrement souffert des bombardements !

- Ne m'en parlez pas ! L'usine a été touchée en juin 42, depuis nous avons été obligés d'ouvrir une autre unité de production à Decize dans la Nièvre ! Nous ne gardons sur Colombes, que la production des pneus !

Puis j'ai droit à tout l'historique du groupe. La société B.F Goodrich a été fondée à Colombes en 1910 et la fabrication a commencé en décembre 1911. En 1921 le pneu « Souple Corde », sans trame, voit le jour offrant une meilleure stabilité. J'ai beau être fils de garagiste, je n'imaginais pas une diversification aussi importante de la société. Ainsi depuis 1922, sont produits et distribués, joints, courroies de transmission, bandes transporteuses et autres objets moulés en caoutchouc. Puis en 1930, la marque se lance dans la fabrication de pneus pour avion, destinés au Potez 140, avant de devenir Goodrich Colombes en 1934 *(L'appellation Kleber Colombes, ne verra le jour qu'en 1945)*.

Enfin il extrait d'un cartable, différents documents, tarifs et autres catalogues, concernant directement la Société Goodrich :

- Tenez, voilà le parfait attirail du représentant ! Vous avez même des bons de commandes ! Vous pouvez vous rendre opérationnel quand vous voulez !

Je compulse rapidement les papiers, en lui affirmant que vais me plonger dedans dans l'après-midi. Ernest Dupré a tout prévu, il me sort ensuite un contrat de travail, j'apprends que je suis rémunéré « à la commission », à hauteur de 5% de mes ventes, que mon secteur s'étend à l'Île de France.

Je demande de rajouter la Champagne, en prévision de déplacement pour voir Mathilde. La close est acceptée, je n'ai plus qu'à signer le document. Je le fais, bien volontiers, même si « les fonds secrets » que j'ai embarqué au départ de Londres, me permettent de vivre correctement pendant un certain temps.

Une fois notre repas terminé, je me retrouve dans ma chambre, pour éplucher catalogues et tarifs. Je prends mon « nouvel emploi officiel » très au sérieux, beaucoup plus par passion de l'automobile, tout en sachant que mon travail « officieux » reste la priorité.

Jeudi 4 mars, d'Autrevaux a pris contact avec le « Groupe de la rue de Lille ». Je dois me rendre au domicile de Marc Sanguier*, boulevard Raspail, en fin d'après-midi. L'homme de 70 ans, me reçoit de manière très courtoise. Issu d'une famille bourgeoise, militant chrétien progressiste, il affirme qu'il n'a pas d'antinomie à être catholique et républicain. Son apparence physique lui donne un côté Adolphe Thiers, très 3e République du 19e siècle.

Monsieur Sanguier, journaliste de culture, m'indique que le véritable leader du mouvement se nomme Emilien Amaury*, un jeune homme de 24 ans. Lui personnellement, il met à sa disposition, son imprimerie de la rue de Lille, pour la publication et la diffusion de tracts, journaux de toutes tendances politiques confondues, comme « l'Humanité », « Résistance », « Courrier du Témoignage Chrétien », ou encore « Défense de la France ». Les faux papiers, et les faux documents, sont aussi une spécialité de la maison.

Pour le reste, je me rends compte, que j'ai affaire à un gaulliste convaincu, bref je n'ai « rien à lui vendre ». Il suffit de demander pour être servi, il se tient à disposition en cas de besoin. On ne peut pas dire, que j'ai vraiment perdu mon après-midi, néanmoins pourquoi Londres et le B.C.R.A m'ont demandé de faire la démarche, alors qu'ils savent très bien que le Groupe leur est totalement acquis ?

En rentrant à mon hôtel de Colombes, « Couillotin » me tend une enveloppe cachetée, en même temps que les clefs de ma chambre. Une fois au calme, je l'ouvre, pour découvrir un mot de d'Autrevaux. Il me demande de contacter un certain « Indomnitus* » demain à 11 heures précises, sans plus de précision, au 123 rue Saint Jacques dans le 5ᵉ arrondissement. Intrigué, je sors de ma valise un plan de Paris, pour m'apercevoir que l'adresse indiquée correspond à celle du Lycée Louis Le Grand. Pour essayer d'y voir plus clair, je compulse la liste que m'a fournie le commandant lors de mon arrivée, sans pouvoir faire le moindre rapprochement.

Vendredi 5 mars, je suis à l'heure avec pour signe de ralliement convenu, le journal collaborationniste « Signal », bien en évidence. Un très jeune homme fort bien mis m'interpelle :

- Bonjour, vous être « Grenelle », je suis « Indomnitus ! » Je me rends compte à son regard et à sa canne blanche, qu'il a perdu la vue. Il ne s'agit pas pour lui, probablement de donner le change.

- Bonjour ! Je suppose que vous allez nous trouver un endroit plus au calme ?

- Oui, bien sûr ! Suivez- moi ! Il se déplace malgré son handicap, avec une certaine aisance.

Il m'entraîne ensuite dans une brasserie à deux pas de la rue Saint Jacques. Après avoir pénétré dans l'établissement, nous nous dirigeons dans une arrière salle à l'abri des regards et des oreilles indiscrets. Un homme assis à une table, nous y attend. « Indomnitus », fait les présentations :

- Grenelle, voici Philippe Viannay*, rédacteur en chef du journal « Défense de la France » !

Le quotidien, fait effectivement partie de mes cibles listées. Viannay va sur ses 26 ans, depuis avril 1941, il édite avec la complicité de Robert Salmon* et de son épouse Hélène Viannay née Mordokovitch*, un journal tirant à 10 000 exemplaires, qui ne tarde pas à se transformer en mouvement de résistance.

« Indomnitus », s'appelle en réalité Jacques Lusseyran*, il est âgé de 19ans et a perdu la vue dès l'âge de 8 ans. À la tête du mouvement « Volontaires de la Liberté », il se montre particulièrement actif avec une cinquantaine d'élèves, anciens ou actuels, du Lycée Louis Le Grand.

Le réseau publie un bulletin d'informations, sur le présent et l'avenir de la France, consacrant des articles de fond, sur la démocratie, le nazisme et le marxisme. Lusseyran, me fait part de dissensions à l'intérieur du mouvement, Pierre Cochery* et quelques autres sont sur le point de rejoindre le réseau « Libération Nord ». « Indomnitus », m'affirme que la quasi-totalité des volontaires lui restent fidèles et qu'une association est en train de naître avec « Défense de la France », pour plus d'efficacité. Les deux hommes, me chargent d'en avertir Londres.

Je me retire sur ses bonnes paroles. Encore une fois, je ne crois pas en l'efficacité de ma mission. Si je me résume, concernant le « Groupe Morpain », la balle est désormais dans le camp de Londres pour apporter une réponse sur Rouen. Pour le « Groupe de la Rue de Lille », il s'agissait d'une simple formalité et « je ne fais que du journalisme » pour le B.C.R.A entre « Libération Nord » et « Défense de la France ». Il est temps que je m'atèle à un dossier sérieux, n'en déplaise aux uns et aux autres, je vais tout faire pour entrer en contact, avec le « Groupe Manouchian ».

Nous sommes le week-end. Qu'est-ce que je peux faire, pour ne pas déambuler dans ma chambre d'hôtel pendant deux jours ?

Tout en restant prudent, avoir des nouvelles de mes proches me démange. Franchement, je suis à deux pas du pavillon de ma famille et l'hôpital d'Argenteuil se situe, de l'autre côté de la Seine. Pour mes parents je suis censé être mort.

Jacqueline doit me penser encore vivant. Je pense, qu'il est plus simple de passer par ma sœur pour une rencontre.

Le samedi en fin de matinée, je tente le coup en souhaitant qu'elle soit de permanence. Je me présente à l'accueil de l'hôpital :

- Bonjour, je souhaiterais rencontrer Jacqueline Malet !

- Oui, de la part de qui ? je marque un temps d'hésitation, il est hors de question que je me présente comme Pierre Malet, encore moins comme « Grenelle ».

- Vous lui dites que « Flint » l'attend s'il vous plaît !

Flint, que l'on peut traduire par « pierre à briquet », était le surnom donné par mes coéquipiers du rugby, pour enjoliver les « étincelles » que je pouvais faire sur le terrain. La jeune femme, me sourit d'un air amusé, avant de m'inviter à la suivre :

- Vous pouvez attendre ici ! elle me désigne une chaise, avant de pénétrer dans un bureau, dont elle laisse la porte ouverte.

- Jacqueline tu as « un charmeur » pour toi, un certain Flint ! il se passe quelques secondes, avant que je n'entende le son de sa voix.

- Merci Chantal, tu peux nous laisser !

Ma sœur m'agrippe par la manche, m'entraîne dans le bureau dont elle referme la porte. Je suis pris par son étreinte, ses pleurs se mêlent à un rire nerveux :

- Pierre, qu'est ce que c'est que cette dégaine de zazou ?

- Pierre Malet n'existe plus ! Je suis désormais Pierre Fixin ! Comment vont les parents ?

- Tu sais, ils ont très mal encaissé ta mort supposée ! Surtout papa ! je suis surpris que mon père soit plus touché que maman.

- As-tu des nouvelles de Mathilde ? elle se tait un instant.

- Oui bien sûr... très régulièrement !

- Ne me dis pas que comme Monique, elle s'est trouvé un autre mec ? ma réaction déclenche un rire étouffé.

- Ah non, pas du tout... comment te dire...je pense qu'il va falloir que tu la rencontres rapidement !

- Je ne comprends pas ! Tu en a trop dit ou pas assez ?

- Écoute, je préfère qu'elle te réserve la surprise ! Je vais la prévenir que tu es en France ! T'essaye de te libérer rapidement pour aller à Reims ?

- Bon, mais c'est pénible tous tes mystères ! son ton devient plus agressif.

- Écoute Pierre, concernant les mystères, tu n'es pas le mieux placé pour donner des leçons ! Et pour les parents, comment comptes tu faire ?

- Officiellement j'ai un nouveau travail ! Je suis représentant de la marque « Goodrich » ! Je vais passer au garage la semaine prochaine ! Jacqueline se radoucit.

- Très bien « Flint » ! Il faut que je retourne bosser ! On se tient au courant rapidement ! j'ai droit à une bise sur les deux joues.

Toujours obsédé par le « Groupe Manouchian », je décide d'avoir une entrevue avec le colonel Hauet*. Je me pointe dès le lundi, sans rendez-vous, à son domicile du boulevard Suchet. Je sonne à la porte d'entrée et je dois insister. Serait-il sorti ? l'œilleton du judas, se soulève enfin :

- Qui êtes-vous ?

- Grenelle, mon colonel !

- Impossible, Grenelle est mort !

- Je vous assure mon colonel, c'est moi Grenelle ! Ne me laissez pas sur le palier ! Il se passe une éternité, avant que le colonel ne finisse par débloquer les verrous.

- Entrez, vous êtes méconnaissable ! Tout le monde vous croit mort !

- C'est parfait ! Mon stratagème fonctionne !

Je reviens brièvement, sur mon faux décès et mon exil choisi en Angleterre, avant de lui faire un compte rendu sur la constitution du M.U.R. Le colonel, homme de l'ombre, est déjà au courant et je n'en suis pas vraiment surpris.

Je continue mon exposé en expliquant le but de ma mission, essayer de fédérer les réseaux de la zone nord, tout en lui faisant part de ma déception, de ne m'occuper pour l'instant que de réseaux secondaires.

- Vous savez lieutenant, depuis « l'affaire du musée de l'Homme » *(voir Nom de code Grenelle)*, je suis contraint et forcé de me mettre en retrait ! Je me suis fait prendre en juillet 1941 ! Je ne dois mon salut, qu'à mon ami La Rochère* qui a tout pris sur lui ! *(Charles Dutheil de la Rochère, animateur dans la résistance de la zone Nord.)* Depuis, je suis sous étroite surveillance !

Le colonel doit lire ma déception sur mon visage :

- Je ne vois pas très bien, comment pouvoir vous aider ? je finis par lui lâcher le morceau.

- Je cherche à rencontrer le Groupe Manouchian ! Hauet sourit.

- Rien que ça ! Là Lieutenant, vous tapez dans du lourd, du très lourd !

- Sauf votre respect mon Colonel, je suis capitaine depuis peu ! je sors la phrase spontanément, comme si à ses yeux, le fait d'être capitaine, représentait plus de poids.

- Ce n'est si pas simple, vous auriez plus vite fait de passer par le PCF !

- Oui sauf que là, je marche sur les plates-bandes de Passy et de Brossolette ! Vous savez mon Colonel, au début Passy m'a vendu ma mission comme essentielle, aujourd'hui elle se réduit comme peau de chagrin ! Hauet, me montre une forme de dépit, mais semble touché par ma détermination.

- Écoutez Capitaine, je n'ai plus beaucoup de contacts, depuis l'incarcération de Germaine Tillon* ! Le prête Robert Alesch* un agent double luxembourgeois, l'a « balancée », aux allemands, en même temps que le réseau Gloria ! Il ne me reste plus que Gabrielle Buffet-Picabia*, une des rares personnes à ne pas avoir été inquiétée ! Je vais voir avec elle, si je peux obtenir une rencontre !

- Très bien mon colonel ! De quelle manière aurais-je votre retour ?

- Le bistrot, « Chez Léa » vous sert il toujours de boîte à lettres ?

- Oui, naturellement !

- Parfait, dès que j'ai des nouvelles, je vous passe l'information !

La résistance continue de viser les collaborateurs. Marcel Déat, le leader du R.N.P, est de nouveau pris pour cible, alors qu'il réside dans sa villa d'Arbouse dans la Nièvre. Il échappe de peu à des rafales de mitrailleuses.

Vichy, s'efforce de contrer la résistance au STO qui s'organise pour ne pas partir en Allemagne. De nombreux réfractaires tentent de soudoyer l'administration pour y échapper ou optent pour la clandestinité. Des rafles se multiplient, le journal « l'Humanité » toujours interdit, donne des consignes de fermeté : « Si la foule, au lieu d'être moutonnée se rebiffe, si les flics sont rossés ou abattus, ils seront un peu plus réservés. »

Les effets sont rapides, à Montluçon la gare est envahie par une foule de femmes, certaines se couchent sur la voie pour empêcher le train de partir. L'intervention des gardes mobiles est contrecarrée par des jets de pierres, suivies de nombreuses arrestations.

De mon côté une fois de retour à l'hôtel, je décide de contacter le garage de mon père, je tombe sur Maurice son comptable. Je dissimule naturellement ma voix :

- Bonjour Pierre Fixin à l'appareil, je suis le commercial de la société Goodrich, pourrais-je parler à Monsieur Malet ?

- Ne quittez pas, je vais voir s'il est disponible ! mon père prend le combiné peu après.

- Vincent Malet à l'appareil, nous nous connaissons ?

- Non pas du tout, je suis nouveau dans la société, c'est pour ça que je souhaitais vous rencontrer !

- Écoutez compte tenu des problèmes de livraison, que j'ai eus avec Goodrich ces derniers temps, j'ai pris d'autres dispositions ! Mais vous pouvez passer à tout moment !

- Très bien Monsieur Malet, alors je vous dis à bientôt !

Chapitre 9 : Manouchian, le loup solitaire.

Mardi 9 mars, un soleil printanier baigne la région parisienne. En manque d'exercice, je décide de faire à pied, le chemin qui me sépare de l'hôtel au garage de mon père. J'ai une certaine appréhension, en pensant à la réaction qu'il pourrait avoir en me voyant. Je croise un jeune employé que je ne connais pas :

- Bonjour excusez-moi, je cherche Monsieur Malet ?

- Il doit être dans son bureau !

Effectivement, la pièce conçue avec un éclairage style atelier me permet de l'apercevoir. Manque de chance, visiblement il fait ses comptes avec Maurice, je frappe à la porte vitrée :

- Bonjour, je suis Pierre Fixin de la société Goodrich !

- Ah oui, merci de patienter une dizaine de minutes !

En bon commercial, j'en profite pour faire le tour du garage et jeter un œil sur le stock de pneus. La réserve est plutôt conséquente et la marque Michelin assure l'essentiel de l'approvisionnement. Le comptable vient me chercher :

- Monsieur Malet vous attend ! mon rythme cardiaque s'accélère.

Mon père visiblement, est toujours penché sur ses factures et ne daigne pas lever la tête :

- Asseyez-vous ! Vous savez, je n'ai pas beaucoup de temps à vous consacrer !

- J'ai vu, que vous vous approvisionnez essentiellement en Michelin !

- Je travaillais très bien avec Goodrich en raison de la proximité de l'usine, et puis avec le bombardement et les ruptures de stock, j'ai dû m'organiser autrement !

- Les problèmes sont derrière nous, nous disposons désormais d'une nouvelle unité opérationnelle à Décize dans la Nièvre !

- Oui, mais les affaires tournent au ralenti, vous avez vu l'état de mon stock ?

- Tout à fait, j'ai noté que vous n'avez plus de « flanc blanc » !

- Oh oui... mais ce n'est pas l'essentiel des ventes !

Le paternel interrompt son écriture, lève la tête et lâche son stylo. Il semble troublé :

- Quelque chose ne va pas ? il pâlit.

- Excusez-moi, mais vous me rappelez le fils que j'ai perdu ! je décide d'abréger son calvaire.

- Papa, je suis bien ton fils ! la bouche grande ouverte, il semble manquer d'air.

- Ce n'est pas possible ! le corps de mon Pierrot repose au cimetière de Colombes ! je reprends ma voix normale.

- Papa, c'est un autre qui est enterré à ma place ! Si tu as un doute tu peux toujours demander à Jacqueline !

- Je ne comprends pas...je ne comprends pas !

- Écoute, c'est une très longue histoire ! Nous pourrions en reparler ce soir à la maison ! toujours hébété, il articule :

- Oui si vous ...si tu veux ! je m'efforce de le détendre.

- Au fait, je peux te commander quelques « flanc blanc » ?

82

-   D'accord…mais tu ne me plombes pas le dépôt !

Je suis soulagé, il me reste l'après-midi pour préparer ma soirée en famille. Je décide de passer chez le fleuriste pour faire préparer deux magnifiques bouquets, un pour « maman Greta », l'autre pour ma sœur Jacqueline.

Le soir, en arrivant à la maison familiale, je les retrouve tous les trois assis comme au tribunal, attendant le présumé coupable. Heureusement, mes fleurs détendent l'atmosphère :

-   Elles sont magnifiques ! s'exclame maman avant de me prendre dans ses bras.

-   Et moi, je n'ai rien ? lance mon père.

-   Si tiens !

Je lui sors mon bon de commande de pneus. La glace est définitivement rompue, les griefs contre le « Pierrot » semblent oubliés. Pour les explications, ma sœur a déjà dit l'essentiel, je n'ai pas à revenir dessus :

-   As-tu réussi à joindre Mathilde ? réponse laconique de Jacqueline.

-   Oui bien sûr !

-   Et alors ? maman fronce les sourcils.

-   À quel moment comptes-tu te rendre à Reims ?

-   Je ne sais pas ! J'ai encore du travail sur Paris ! Le mieux serait qu'elle se déplace sur Colombes ! Chacun me regarde sans parler, avant que Jacqueline ne brise le silence.

-   Écoute Pierre ce n'est pas si simple !

-   Pourquoi elle est souffrante ? blessée ? ma sœur reprend.

-   On ne peut pas parler de maladie ! Simplement dans son état un déplacement pourrait poser un problème !

Je ne dis rien, j'ai peur de comprendre. Serait-elle enceinte de moi, de quelqu'un d'autres ? Je n'ose pas leur poser la question, je suis tétanisé, je fais un déni de grossesse. Pierrot face à ses responsabilités, je me dois de réagir.

- Écoutez, si j'ai demandé à Jacqueline de joindre Mathilde, c'est par mesure de prudence ! Pierre Malet est mort ! Je suis Pierre Fixin ! Je n'ai pas fait tout ça, pour risquer de vous compromettre encore une fois ! maman semble apaisée.

- Bon et maintenant, comment vois-tu les choses ?

- Jacqueline, merci de rappeler Mathilde demain, en lui précisant que je me déplacerai la semaine prochaine au plus tard ! Papa peux-tu me prêter un véhicule ?

- Sans problème fils ! Disons que « je te ferai une location » pour plus de crédibilité ! il semble s'amuser de la situation. Tu passes quand tu veux au garage !

Le sujet est clos pour ce soir, nous pouvons passer à table. Les discussions se font plus légères. Tous les trois, me reprochent mon nouvel aspect physique. Néanmoins, je ne peux m'empêcher de ressasser toute la soirée et d'imaginer dans ma tête, Mathilde avec un gros ventre. De retour à l'hôtel, je n'arrête pas de changer de position dans le lit, avant que le sommeil ne me vienne enfin.

Le lendemain en attendant des directives, je me consacre à démarcher les garages des environs. Je me rends compte que le métier de représentant n'est pas facile, même si je finis par arracher quelques bons de commandes.

Jeudi 11 mars, en descendant de ma chambre « Couillotin » m'interpelle :

- Monsieur Fixin, j'ai quelqu'un en ligne pour vous ! Prenez l'appel à la cabine, vous serez plus tranquille ! je m'exécute.

- Pierre Fixin, à l'appareil j'écoute ?

- Bonjour, c'est Léa à l'appareil ! Pourriez-vous passer dans la journée, j'ai des nouvelles de votre famille !

Mince, je me dis que le colonel Hauet a fait drôlement vite pour passer mon message. Goodrich peut attendre, je prends le train pour me rendre boulevard de Bel Air.

J'arrive à l'heure de l'apéro. Le bistrot est plein des mêmes pochetrons, que j'ai croisés quelques mois auparavant. Pour éviter tous les ersatz de boissons chaudes, je commande une bière dont le goût indéfinissable, me laisse une certaine amertume dans la bouche. Léa, pose discrètement une enveloppe près de mon verre. Je la glisse dans ma poche, laisse de l'argent sur la table et file à l'anglaise, sans finir ma consommation.

Par précaution, je ne l'ouvre qu'au moment d'arriver à l'hôtel. Le texte se résume à l'essentiel : « Rendez-vous à La Clé des Champs à Montjavoult, lundi 15 mars en fin de matinée. » Le mot ne comporte aucune signature. Naturellement, je me pose des questions. Pourquoi me donner un rencart dans l'Oise, avec je ne sais qui, dans un endroit qui m'est parfaitement inconnu ?

Mon premier réflexe consiste à chercher la signification de « La Clé des Champs ». Je demande à « Couillotin » s'il elle possède un bottin de l'Oise. Après sa réponse négative, je suis contraint de me déplacer à la poste. J'apprends que Montjavoult compte à peine 400 habitants et que « La Clé des Champs » abrite en temps normal, une colonie de vacances. L'église réformée gère l'établissement.

La meilleure seule façon de s'y rendre, reste la voiture. Je passe donc le lendemain au garage de mon père. Maurice, le comptable occupe le bureau, je manque de faire un lapsus :

- Mon p… Monsieur Malet est absent ?

- Non, il est parti faire une course, il ne devrait plus tarder !

- Je peux faire quelque chose pour vous ?

- En fait, je passe pour louer un véhicule !

- Ah bon ! En général, nous ne faisons pas ce genre de prestation !

- Oui je sais, mais Monsieur Malet est d'accord pour me rendre ce service !

- Bon dans ce cas si le patron est d'accord ! En vous regardant, je trouve que vous avez une certaine ressemblance avec son fils ! L'avez-vous déjà rencontré ?

- Non pas du tout ! qu'est qu'il fait dans la vie ?

- Il est décédé, dans des conditions un peu mystérieuses !

- Ah bon ! c'est bien malheureux !

- Oui, monsieur Malet, n'en parle jamais ! Il a beaucoup changé depuis sa disparition ! sur ces bonnes paroles mon père arrive plutôt guilleret.

- Ah Monsieur Fixin ! Vous êtes venu pour la location de la voiture, je suppose !

- Oui tout à fait ! il m'entraîne à l'extérieur du garage.

- Tiens, tu peux prendre la clef de la Matford, qui est garée sur le parking ! Dis-donc, nous sommes vendredi, tu ne fais rien de particulier ce week-end ?

- Non, je suis de repos jusqu'à lundi !

- Tu peux dormir à la maison ! Je pense que de passer deux jours avec ta mère et ta sœur, vont les combler !

Je dois dire, que Maman et Jacqueline ne seront pas les seules à être gâtées. Retrouver le berceau familial, me fait le plus grand bien. Le soir après le repas, nous nous retrouvons, comme avant, en tête à tête avec ma sœur, nous plongeant sur son lit dans des discussions à n'en plus finir. Puis, vient la question qui me mort les lèvres :

- Mathilde est enceinte, je suppose ?

- Oui, de presque six mois ! je fouille dans ma tête.

- Je vois, donc c'est bien de moi ! Jacqueline hausse le ton.

- Bien sûr crétin ! De qui d'autres ? j'avoue que j'ai encore du mal à réaliser.

- Bon…et elle a souhaité garder le bébé ? cette fois ma sœur me décroche une grosse tape sur l'épaule.

- Andouille ! Tu es inconscient où quoi ? Pour Mathilde, tu représentes l'idéal masculin ! Alors tu penses avoir un enfant de toi…

- Ben tu peux comprendre, que je ne me sens pas prêt à être père ! la phrase sort toute seule de ma bouche, sans aucune réflexion de ma part.

- Comme « idéal masculin », personnellement j'aurais trouvé mieux ! Après tu feras comme les autres papas, tu assumeras !

Puis tout d'un coup, mes nerfs lâchent et je me mets à fondre en larmes. Jacqueline, comme elle l'a toujours fait, me prend alors la tête dans ses bras et me susurre à l'oreille : « Pierrot c'est le moment de devenir adulte et puis moi, j'ai très envie de devenir tata ! »

Lundi 15 mars, me voilà au volant de la Matford en direction de Montjavoult. La puissante franco-américaine, me donne quelques frayeurs, la tenue de route n'est pas son point fort. La commune de l'Oise est limitrophe de l'Eure. J'aurais bien fait un détour par la poste de Tierceville pour saluer « Maria la Louve », mais sans prévenir, je me contente d'appliquer la plus élémentaire des consignes, la prudence.

Le bourg culmine à 200 mètres d'altitude et domine la plaine du Vexin français. Je n'ai aucun mal à trouver « La Clé des Champs ». Dans la cour de l'établissement, une dizaine d'enfants de 3 à 10 ans gambadent. Une bonne sœur vient à ma rencontre.

- Êtes-vous Grenclle ? de prime abord je suis surpris par la question, puis en réfléchissant je me dis que les visiteurs, ne doivent pas être légion dans le secteur.

- Oui tout à fait ma sœur !

- Vous êtes attendu à la mairie ! Vous pouvez vous y rendre à pied c'est à deux pas !

Je suis accueilli par Pierre Gillouard* le maire.

- Bonjour Capitaine, je vous présente « Pierrette* » ! Je vois que Madame Jacquet* vous a orienté correctement !

- Vous voulez parler de la bonne sœur ?

- Oui en fait, il s'agit de la directrice de « La Clé des Champs » ! Son habit de nonne lui assure une certaine immunité ! *(Historique)*.

- Pourquoi ? Le village me semble bien paisible ?

- Vous voyez l'église, juste en face de « La Clé des Champs » ? Il un poste de guet s'y trouve, occupé en permanence par huit soldats allemands ! *(Historique)*.

Je me demande dans quel guêpier, je me suis encore fourré, mais le premier magistrat de la commune, n'a pas l'air plus inquiet que d'ordinaire. Il m'explique qu'ici, chacun se serre les coudes. Qu'avec son Secrétaire de Mairie Marcel Dumont*, l'instituteur du village, ils s'occupent de la gestion d'un dépôt d'armes dans les bois de Trie. Les deux hommes, s'emploient également à cacher des enfants juifs dans la commune. Des aviateurs alliés y passent en transit, une gestion de faux papiers s'organise.

Des protestants de Gisors, fréquentent le temple de Montjavoult. Par l'intermédiaire de Jean Pierson*, ils mettent au point de faux documents, à l'aide d'un imprimeur local en utilisant un calque et de la gélatine pour reproduire les cachets. Pierre Gillouard* se montre intarissable sur le sujet. Au bout d'un moment, je finis par l'interrompre :

- Monsieur le maire, je pensais être en liaison avec le « Groupe Manouchian » ! Pierrette, jusque-là silencieuse prend la parole avec une pointe d'accent slave.

- Je représente le « Groupe Manouchian » ! sur le moment, je pense qu'il s'agit d'une plaisanterie

- Je me suis déplacé, pour être directement en contact avec Michel Manouchian !

- Non, trop de risques ! « Missak » évite les rencontres qui ne sont pas indispensables ! Il faudra vous contenter de ma petite personne ! sa tonalité cassante, ne me laisse pas envisager un dialogue en toute sérénité.

- Si j'ai souhaité vous rencontrer, c'est d'abord pour vous présenter un projet de réunification, des différents réseaux de résistance !

Pierrette, ne montre aucun signe de surprise et pas beaucoup plus d'empathie. J'enchaîne donc, en essayant de me montrer plus persuasif :

- Dans la zone sud, l'unité s'est faite autour des trois principaux groupes « Combat », « Franc-Tireur » et « Libération » ! (J'ai l'impression de parler dans le vide.) Personnellement, je suis l'émissaire du colonel Passy et du général de Gaulle…je n'ai pas le temps de finir ma phrase.

- Écoutez Capitaine, nous savons très bien qui vous êtes ! Le « Groupe Manouchian » s'est formé en 1941, à la rupture du pacte germano-soviétique ! Depuis dans le cadre des FTP, nous avons constitué le MOI, composé de plus d'une soixantaine de « camarades » de toutes nationalités, venant de tous horizons. La quasi-totalité exilés en France, dont un grand nombre se sont retrouvés apatrides, par contre l'armée française ne s'est pas privée de les recruter en 1940 pour défendre votre pays ! Aujourd'hui vous me parlez de rallier une cause, qui jusqu'à présent nous a parfaitement ignorés ?

- Je comprends votre agacement, néanmoins aujourd'hui le général De Gaulle, entouré de résistants sur le territoire français, s'efforcent de réaliser une unité, afin d'être plus efficaces pour lutter contre l'envahisseur !

- Avez-vous rencontré les instances du Parti ?

- Personnellement non, des chefs comme Passy ou Brossolette s'en chargent ! j'essaye de me défendre comme je peux.

- Donc pour l'instant, vous ne savez pas s'ils vous suivent ?

- Les négociations sont en cours !

- Bon de toutes façons, ce n'est pas le sujet, nous avons notre propre autonomie ! j'en profite pour rebondir.

- Je sais, d'où l'objet de ma visite ! Votre indépendance vis-à-vis du PCF, vous permet de prendre seuls votre décision !

- Écoutez Capitaine, depuis deux ans le Groupe a réalisé une centaine d'attentats, contre les nazis et les collabos de tous poils, sans avoir besoin de personne ! Je me suis personnellement engagée au côté de Missak Manouchian, pour m'occuper de l'assemblage des bombes et des explosifs, du transport et de l'acheminement des armes avant et après les opérations ! Je ne vois vraiment pas, quelle valeur ajoutée vous pourriez nous apporter ! (*« Pierrette »,* *s'appelle en réalité Olga Bancic*, elle est d'origine juive* *roumaine, militante dans les jeunesses communistes.)*

- Je ne vous demande pas une réponse immédiate ! Simplement de bien réfléchir à la question ! je sens bien que c'est peine perdue.

- Londres, peut toujours nous aider en nous fournissant des armes...après nous verrons bien ! Le maire sourit.

- Pour les armes, la proposition tient aussi pour nous !

En regagnant ma voiture Pierrette me rattrape :

- Capitaine, ne vous méprenez pas ! Je n'ai rien contre vous ! Pour le présent nous avons le même objectif ! Par contre « pour l'après demain », je crains que nous ne soyons pas sur la même longueur d'onde...

Chapitre 10 : La surprise de Mathilde.

Après ce nouveau revers, j'essaye de ne pas céder à la déprime et au découragement. Retrouver Mathilde, et la perspective d'avoir un enfant, doivent me permettre de reprendre courage. Je prends la route pour Reims le mercredi suivant.

Si ma « Mathoche » me manque, le déplacement champenois se prépare également avec la visite de quelques garages et la rencontre avec Pierre Grandemy*, responsable pour la Champagne du « Groupe Combat » de la Zone Nord.

Pratiquement au même moment, le 18 mars à Alger, Giraud confirme les propos du général De Gaulle, il renonce à la révolution nationale du Maréchal. Il annonce le rétablissement des lois républicaines. Un peu plus tard, une série de décrets est publiée au journal officiel. Les lois antisémites toujours en vigueur sont annulées. Ces dispositions, sont plus faites pour satisfaire les américains, que pour conforter le leader de la France Libre. Le préalable, mis en place par Eisenhower pour le réarmement de l'armée française en Afrique du Nord, disparaît de fait.

J'arrive en fin d'après-midi à la ferme de Thillois. La maison « de poupée » attenante qu'occupe Mathilde me paraît toujours aussi sympathique. Je frappe timidement à la porte et n'obtient aucune réponse. Malgré mon insistance, personne ne se manifeste pour venir m'ouvrir. J'ai alors l'idée de fouiller sous la pierre, qui cache d'ordinaire la clef de secours. Elle figure toujours dans son logement, je peux pénétrer dans la maisonnette. Rien n'a changé, l'habitat se montre d'une propreté clinique, mais en regardant mieux, j'aperçois un lit d'enfant en bois monté sur un système de balancier.

Quelques minutes plus tard, j'entends une clé se glisser dans la serrure d'entrée. La personne insiste, avant de s'apercevoir que la porte est ouverte. Mathilde apparaît dans le chambranle, avec un sac à chaque main qu'elle laisse tomber :

- Qui êtes-vous ?

- Mathoche, c'est ton Pierrot ! il se passe une fraction de seconde avant qu'elle ne me tombe dans les bras.

- Mon dieu ! Tu es affreux !

Quel cri du cœur. Au moins, si mon nouvel aspect déplaît à l'ensemble des gens qui me connaissaient, « le déguisement » se montre d'une efficacité totale. Je sens son ventre rond qui bouge.

- Dis donc, ça remue à l'intérieur !

- Oui ton fils, ou ta fille vient de reconnaître son papa !

- Tu as choisi déjà le prénom ?

- S'il s'agit d'une fille Marie ! Je trouve que Marie Malet ça sonne bien, pour un garçon, je ne sais pas encore ! au fond de moi, je pense que Marie Fixin sonne moins bien.

- Pour le garçon on évite Pierre ! Grand Pierre, pour moi et Petit Pierre, pour lui, je trouve que c'est un peu ridicule !

- J'ai trouvé, Sylvain mon frère comme parrain et Marie Thérèse (*sa collègue infirmière*), comme marraine ! une question me turlupine.

- À quel moment as-tu su pour le bébé ?

- Lorsque tu nous as annoncé début novembre avec Jacqueline que tu partais pour Londres, j'ai eu des doutes ! En fait j'étais enceinte de 4 semaines ! si j'avais su, ma décision aurait elle était différente ? Je m'interroge ?

- Pourquoi tu ne m'en as pas parlé à l'époque ?

- D'une part, parce que je n'avais aucune certitude, d'autre part, je n'avais pas envie de rajouter un souci, à tes problèmes du moment ! que ce soit Jacqueline ou Mathilde les filles, éprouvent toujours le besoin de me protéger.

- Garçon ou fille, je suis sûr que nous aurons un bébé adorable, surtout s'il ressemble à sa maman !

- Combien de temps restes tu sur Reims ?

- Nous sommes mercredi, il faudrait que je rentre dimanche au plus tard !

- Ce n'est pas beaucoup ! J'ai envie d'inviter les futurs parrains Marie Thérèse et Sylvain !

- Oui bien sûr, avec plaisir !

Nous nous couchons relativement de bonne heure. Le lit de 120 « à trois dedans » me parait encore plus exiguë. Je regarde Mathilde dormir paisiblement, son visage lisse me fait penser à celui d'une adolescente.

Le lendemain, je la dépose à l'hôpital, j'ai prévu de la récupérer en fin d'après-midi :

- Connais-tu la rue des Capucins à Reims ?

- Oui c'est en plein centre, elle croise la rue de Vesle !

En voiture, je m'y rends rapidement après avoir déposé Mathilde. Le numéro 2 est un immeuble très cossu de style art déco. La boîte à lettres indique que Pierre Grandemy habite au 3e étage. Je sonne une voix féminine me répond :

- Qui êtes-vous ? je me contente d'une réponse laconique.

- Grenelle ! les secondes s'égrènent, j'entends de nouveaux pas derrière la porte. Cette fois une voix d'homme s'adresse à moi.

- B.C.R.A ! je suis surpris par l'interjection et je mets un certain temps à répondre.

- Passy ! la porte se déverrouille enfin.

- Désolé, pour les précautions, mais à l'époque où nous vivons, nous ne sommes jamais assez prudents !

La dame, s'éclipse rapidement après m'avoir fait un signe de la tête, pendant que Pierre Grandemy, m'attire dans son bureau. L'homme âgé de 34 ans parait fatigué, les traits de son visage expriment une grande lassitude. Avant que je ne m'exprime, il éprouve le besoin de libérer sa parole.

- Vous savez que depuis que « Combat Zone Nord » est démantelé, notre situation se complique considérablement ! (*Le contre-espionnage allemand, a détruit le mouvement en février 1942.*) Avec Jean Quentin*, grâce à Pierre de Rolland*, nous nous efforçons de maintenir l'activité en Champagne ! En juin 42, Pierre a été arrêté et croupit dans une prison parisienne ! Je ne sais pas à quel moment, notre tour viendra ! je m'efforce de le rassurer.

- Jean Moulin, Passy et Brossolette, travaillent actuellement pour réunifier les différents réseaux de résistance ! Je fais le nécessaire pour leur prêter main forte ! Une fois la tâche accomplie, je pense que l'ensemble pourra coordonner ses actions, et s'assurer une protection supplémentaire ! (*Il n'est pas interdit de rêver !*) Grandemy sourit faiblement.

- Nous n'attendons que ça !

Il me raccompagne à la porte et après une longue et dernière poignée de main, me lâche : « Tenez-moi au courant ! » Je n'aurai plus jamais l'occasion de le revoir, ni de lui parler. Un destin tragique, l'attend bientôt.

(Pierre Grandemy, sera arrêté chez lui le 22 avril 1943, en présence de sa femme et de ses deux enfants. Incarcéré dans un premier temps à Chalons surMarne, Il passe ensuite en transit par Compiègne, pour être déporté au camp de Buchenwald, le 22 janvier 1944. Transféré à Dora, il décède le 31 mai 1944 à Bergen-Belsen.)

Comme convenu, je récupère Mathilde en fin d'après-midi :

- Ta journée s'est elle bien passée ?

- Oui, et la tienne, mon chéri ?

- Je n'en suis pas sûr !

- Je suppose que tu ne peux pas m'en dire plus ?

- Non ! je me contente d'un baiser sur la bouche.

- Au fait, nous dînons demain soir chez Sylvain ! Rendez-vous à 19 heures précises, à cause du couvre-feu !

- Très bien, je suis heureux de le revoir avec Marie Thérèse !

Le lendemain, je fais le tour des garages rémois, avec quelques succès. Je reviens avec des bons de commandes, le métier commence à rentrer. Nous sommes convenus, de me rendre directement chez mon futur beau-frère pour le dîner. Dans la famille Seigneur, l'habitat se veut petit. Après « la maison de poupée » de Mathilde, Sylvain vit dans une studette. Une odeur de parfum des îles embaume la pièce :

- Tu te lances dans la cuisine antillaise maintenant ? Mathilde pouffe de rire.

- Tu rigoles, Sylvain sait à peine faire cuire un œuf à la coque ! Marie Thérèse est aux fourneaux et se retourne en me voyant. Elle m'interpelle avec sa bonhomie habituelle.

- Jésus Marie Joseph, Pierrot, tu n'aurais pas pu séduire Mathilde avec une dégaine pareille !

- Décidément je fais l'unanimité ! Vivement que je retrouve mon ancienne apparence ! l'infirmière poursuit.

- Pierre, tu te prépares à être chef de famille, j'espère ?

- J'avoue que contrairement à la marraine, je n'ai pas encore eu le temps de m'habituer !

La soirée se passe dans une excellente ambiance. Je profite que Mathilde discute avec son frère pour prendre Marie Thérèse en aparté.

- Je trouve Mathilde, fourbue ! À quel moment a-t-elle prévu de s'arrêter de travailler ?

- Nous manquons de personnel à l'hôpital ! Et puis tu connais ta Mathoche, elle n'en fait jamais assez ! Mais ne t'inquiète pas, je vais allez voir le chef de service, je vais prendre la décision pour elle ! je suis rassuré, Marie Thérèse est toujours son ange gardien.

- À quel date l'accouchement est-il prévu ?

- Fin mai, début juin en principe ! Tu seras là j'espère ?

- Je vais faire mon maximum, tu penses bien ! J'ai tout de même du mal à me projeter trois mois à l'avance !

Le temps file à une vitesse considérable et nous sommes contraints d'écourter la soirée à cause du couvre-feu. Le samedi, nous passons avec Mathilde une journée tranquille en tête à tête. Le dimanche est amputé, je dois rentrer sur Colombes après le déjeuner. Je culpabilise un maximum au moment du départ, en regardant la mine triste et fatiguée de ma fiancée.

- Tu reviens dans combien de temps ?

- Le plut tôt possible ! Je te promets !

De retour à l'hôtel « Couillotin », me tend une enveloppe en même temps que la clef de ma chambre. Je prends connaissance de son contenu : « Rendez-vous à votre hôtel, Mardi en milieu de matinée signé « Rex ». La perspective de revoir ce personnage dont je ne connais presque rien me réjouit. Néanmoins ce n'est pas le genre de personne à se déplacer pour une visite de courtoisie. Que peut-il me vouloir ? J'ai toute la journée de demain pour y réfléchir ! Ce lundi, j'ai prévu de passer à l'usine Goodrich de Colombes, pour faire un point sur mes activités.

Après avoir laissé mes bons de commandes, au siège place de Valmy, Ernest Dupré me reçoit et me présente le boss Monsieur Boyer*, ainsi que le directeur de l'usine Monsieur Guerville*. J'ai droit à une visite des différents ateliers, l'activité pneumatique a repris malgré les bombardements. Le reste de la production, courroies, bandes transporteuses, durits, étant délocalisée sur la nouvelle unité de production de Décize.

Guerville et Dupré, toujours aussi passionnés, m'invitent ensuite au café restaurant « Sirvain », le plus proche de l'usine. Ils sont visiblement satisfaits de mon travail, mais je suis leur conversation d'une oreille distraite. Je suis déjà concentré sur mon rendez-vous de demain avec Rex.

Mardi 23 mars, assis tranquillement à la table des petits déjeuners de l'hôtel, je prends un troisième café, sans crainte d'être énervé par le breuvage, dont la composition reste indéfinissable. Je lis d'un regard distrait la presse collaborationniste, qui se félicite de la contre- attaque allemande sur l'armée bolchevique à Katyn, dont le village est réduit en cendre.

Il est 10 heures, Rex apparaît feutre vissé sur la tête et écharpe au cou pour masquer sa cicatrice. Je l'invite à me suivre dans ma chambre pour plus de tranquillité :

- Alors Grenelle, je vois que vous avez suivi mon conseil pour le camouflage ! Et pour le reste, où en êtes-vous ? je marque un temps d'arrêt, avant de répondre.

- Je ne sais pas par quel bout commencer ! Rex sourit

- Par le début, c'est mieux !

- J'ai d'abord rencontré, le Groupe Morpain en Normandie ! Entretien positif, ils m'ont demandé de transmettre à Londres, pour un besoin de structure sur Rouen ! Je l'ai fait tout naturellement !

Je fais une pose avant de reprendre, Rex m'écoute attentivement, scrutant le moindre signe de nervosité de ma part.

- Ensuite à la requête du Commandant d'Autrevaux, je me suis attelé à fédérer, les Groupes de la Rue de Lille et de Défense de la France ! Démarche totalement inutile, les deux entités étant déjà totalement acquises au Général De Gaulle ! Globalement, je ne comprends pas mon utilité dans cette mission ? Rex se montre pensif.

- Écoutez Grenelle, vous êtes là simplement parce que le « Général » l'a voulu ! Passy n'était pas chaud, pour vous dépêcher en France ! Il vous trouvait trop jeune, pas assez expérimenté, et trop peu gradé pour ce type d'action ! De Gaulle pour tout argument lui a rétorqué : « Nommez le capitaine ! » Quant à d'Autrevault, il n'a fait qu'exécuter les ordres ! Depuis notre dernière rencontre à Londres les choses ont beaucoup évolué ! Brumaire (*Brossolette*), jusque-là adjoint de Passy, n'est plus sous son autorité directe ! Il agit dans le cadre de « la mission Brumaire », le bloc opérationnel du BCRA en charge de la Zone Occupée ! *(Même si désormais, il n'existe plus de Zone Libre, les anciennes appellations sont restées.)* Passy, se voit confier la mission « Arquebuse », consistant à développer, l'expertise et le renseignement, sur le même territoire ! je réfléchis un instant.

- Je vous avoue, que je suis un peu perdu !

- Bienvenu dans le monde politique ! Lorsque vous êtes arrivé en France, il était déjà trop tard, pour vous faire faire demi-tour ! En conséquence, vous confiez « des missions dites secondaires » permettaient de ne pas interférer sur les plates- bandes de Brossolette ! j'ai l'impression de tomber de mon piédestal, Rex doit percevoir mon désarroi.

- Ne vous méprenez pas, vos actions sont loin d'être inutiles ! je ne lui laisse pas le temps de poursuivre.

- Ah oui ! Expliquez-moi ?

- Après avoir reçu votre rapport sur le Groupe Morpain, Londres a estimé qu'il était nécessaire de constituer un réseau de résistance sur Rouen !

(Le Groupe Salesman* va voir le jour en avril 1943, à la demande de Winston Churchill.)

- De plus, montrer à des Groupes comme celui de « la Rue de Lille », qu'ils ne sont pas livrés à eux-mêmes et que le BCRA garde un œil sur eux, leur permet de garder le moral ! Je ne suis qu'à moitié convaincu, néanmoins je poursuis mon compte rendu.

- J'ai rencontré également le « Groupe Manouchian », via « Pierrette » ! Rex grimace.

- Sur le sujet, je vous dis stop tout de suite ! Je suppose que vous n'avez rien obtenu ?

- Ils veulent des armes pour préalable, avant de nous rejoindre éventuellement ! Rex hausse le ton.

- Ils n'auront rien du tout ! Missak Manouchian est devenu incontrôlable ! Ses attentats, ne font qu'attiser les représailles des Allemands ! Jacques Duclos* (PCF), l'a mis en marge du parti ! Il est grillé par tous ! Toute son histoire, va mal se terminer ! Moulin si calme habituellement, semble perdre toute contenance.

- Et moi de mon côté, que dois-je faire ?

- J'ai rencontré Brumaire dimanche dernier ! Pour être tout à fait franc, notre entretien ne s'est pas bien passé ! Il fait un travail formidable, sauf qu'il ne respecte pas les ordres ! Il vient de créer un Comité de Coordination de la Zone Nord, regroupant cinq mouvements de résistance !

- Et alors ce n'est pas bien ? je ne vois pas où il veut en venir.

- Vous avez été mis dans la confidence ! L'objectif initial, consiste à regrouper mouvements de résistance, syndicats et partis politiques ! Si nous commençons à former des comités de résistance à part, je ne vois pas comment regrouper le tout dans un collectif homogène !

- Je vois ! Toutefois, je ne me situe pas bien au milieu de cet ensemble !

- Concrètement, ne vous approchez pas de Brumaire ! Passy n'est pas encore au courant de ces dernières nouvelles ! Je pense qu'il va être furieux en l'apprenant ! N'oubliez pas, qu'il reste votre seul patron et que désormais le service « Expertises Renseignements », dont vous faites partie, est indépendant du service « Opérationnel » de Brossolette !

- J'organise comment mes journées à partir de demain ? Moulin retrouve enfin le sourire.

- En vendant vos pneus ! Plus sérieusement à un moment où à un autre vous allez revenir dans le jeu ! Je pense que Passy va finir par vous recontacter pour une nouvelle mission !

- Je vous raccompagne ?

- Non, inutile de nous faire remarquer ! Je connais le chemin !

Rex, une fois parti, seul dans ma chambre j'essaye de refaire le point dans ma petite tête. Au milieu de toutes ces informations parfois contradictoires, j'hésite entre « sac de nœuds et panier de crabes » ...

Chapitre 11 : Voyage au bout de l'ennui.

Après avoir mûrement réfléchi, j'aurais bien contacté Passy pour plus de précisions. À tort, je n'ai pas eu le réflexe de demander à Rex, s'il se trouvait toujours en France, ou s'il était déjà rentré à Londres. Je suis bien obligé, de me cantonner aux consignes strictes : « Pas de contact, sauf en cas d'urgence absolue ! »

Je dois désormais réorganiser mon mode de vie, en attendant un nouveau signe de Londres, ou de Rex. Pour positiver, je me vois bien établir mes nouveaux quartiers sur Reims, le tout en gardant un moyen de communication, à la fois discret et sécurisé. Première règle, ne pas donner l'adresse de Mathilde à la ferme du Thillois. Deuxième règle, se servir provisoirement de Marie Thérèse à l'hôpital comme intermédiaire, en attendant de trouver un correspondant dans la résistance sur place. Côté parisien, mettre Léa dans la boucle plutôt que d'Autrevaux et garder « Couillotin », comme deuxième boîte à lettres.

Une fois mon plan établi, je décide de passer au pavillon de mes parents, pour leur signifier que je vais passer quelques temps avec Mathilde, peut-être même jusqu'à son accouchement. Les parents sont ravis, que « je prenne enfin mes responsabilités ».

Question pratique je demande à mon père :

-   Je peux garder la Matford ?

-   Bien sûr, le temps que tu veux !

Dans la soirée, comme de coutume, la discussion se prolonge dans la chambre de ma sœur.

-   Tu as pris toi-même, la décision de t'établir à Reims ?

-   Non, disons que les circonstances me le dictent ! Pour l'instant, je suis mis en réserve de la république !

-   Pierre, malgré toute l'affection que j'ai pour toi, j'ai parfois du mal à te suivre ! Ta vérité du jour, n'est pas celle de la veille et encore moins celle du lendemain !

-   Qu'est-ce que tu veux que je te réponde ? Je subis les événements, plus que je ne les provoque ! Si j'avais le choix, je m'y prendrais autrement !

Vendredi 26 mars, ma voiture est chargée après avoir passé les consignes à l'Hôtel, je passe chez Goodrich pour faire part à Ernest Dupré de mes intentions. Enfin, après un dernier crochet par le bistrot de « Léa », je prends la direction de Reims.

Sur place Mathilde, se montre fort surprise de me voir sans avoir prévenu. Marie Thérèse a bien fait passer le message, « la Mathoche » est désormais en arrêt de travail, jusqu'à son accouchement. Ma nouvelle vie de couple s'organise. Je me livre pour la première fois de ma vie, à certaines tâches ménagères. Puis au quotidien, je fais la tournée des garages en Champagne suivie d'un passage à la poste afin d'expédier mes commandes.

En ce dimanche, Mathilde a rendu son invitation à son frère et à Marie Thérèse, j'en profite pour mettre l'antillaise dans la confidence :

-   Marie Thérèse, il est fort possible, que tu reçoives des messages me concernant à l'hôpital !

102

- Oui, Pierrot, il n'y a pas de problème ! Je te les transmettrai !

- Ce n'est pas aussi simple ! Les messages seront adressés à Pierre Fixin et non à Pierre Malet ! l'infirmière semble surprise et fronce les sourcils.

- Je ne comprends pas !

- C'est une longue histoire, Mathilde est au courant, j'ai dû changer d'identité, par mesure de sécurité !

- Bon, je ferai le nécessaire, au besoin !

- Je te rassure, je vais prendre d'autres dispositions rapidement, afin que ni toi, ni Mathilde, ni Sylvain ne soyez inquiétés par « mes affaires » ! La Mathoche, masque son inquiétude par un trait d'humour.

- Sans oublier le petit ! j'évite soigneusement de parler de « Grenelle », qui reste un nom de code tabou en dehors de la résistance.

Ma prédiction, ne va pas tarder à se réaliser. En rentrant de ma journée ce mardi 6 avril, Mathilde m'interpelle :

- Tiens mon chéri, Marie Thérèse a laissé cette enveloppe pour toi ! elle est adressée à Pierre Fixin.

Je la décachette, le texte est plutôt directif : « Grenelle, rendez-vous au palais du Tau, jeudi 8 avril à 17 heures. Signé Philippe Perrier *. J'ai beau fouillé dans ma mémoire, ce nom m'est totalement inconnu. Je suppose alors, qu'il s'agit d'un patronyme de résistant, d'autant que l'interlocuteur, fait un rapprochement entre « Grenelle » et Pierre Fixin. Le lieu de rendez-vous par contre, me laisse perplexe. Le bâtiment, jouxtant la cathédrale, a été partiellement détruit pendant la grande guerre, et les quelques travaux de rénovation entrepris ont été stoppés à l'aube du deuxième conflit.

Sans être particulièrement inquiet, je décide néanmoins, de me munir de mon MAS 35, pour le déplacement. Il n'y a plus qu'à souhaiter, que je ne sois pas victime de la fouille d'une patrouille.

J'arrive, jeudi à l'heure convenue. Dans un premier temps je fais attention, où je mets les pieds au milieu des gravats, en passant sous les étais. Une voix venant dans mon dos m'interpelle :

- Bonjour Grenelle ! je me retourne

- Vous ? je me retrouve nez à nez avec le capitaine Paul Paillole* (*voir nom de code Grenelle*).

- Heureux de vous revoir !

- Je vois que vous êtes trouvé un pseudonyme ! Que faites-vous ici ?

- Je pourrais vous poser la même question ?

- Moi je suis sur Reims en famille ! Comment m'avez-vous retrouvé ?

- Par « Léa » ! À propos d'Autrevaux, n'est pas heureux de n'avoir pas été mis au courant de votre déplacement !

- Pour le commandant, il doit savoir que depuis l'invasion de la zone libre les cartes ont été redistribuées ! Vous je suppose, que vous ne dépendez plus du Colonel Rivet* ? Eh bien moi, désormais je suis aux ordres de Passy ! Rex me l'a confirmé encore dernièrement !

- Certes, mais vos déplacements toutefois, interpellent les uns et les autres !

- Pour l'instant, ma seule mission est de vendre des pneus !

- Je n'en disconviens pas ! Mais la Champagne, est devenue une région particulièrement sensible, mise sous pression par la Gestapo et l'Ahbwer en permanence ! Avez-vous eu des contacts dernièrement ?

- Non ! Lors de mon dernier déplacement, j'ai rencontré Pierre Grandemy et depuis je n'ai revu personne !

- Vous savez que le Groupe « Libération Nord » a été démantelé par les allemands ?

- Oui bien sûr, et qu'il cherche à se reconstruire sous une autre forme !

- Tout à fait ! Je m'occupe de « Travaux Ruraux », une composante de la future entité ! j'en profite pour rebondir.

- Je n'ai pas du tout l'intention de mouiller ma famille, dans des histoires de résistance ! J'ai besoin d'un contact sur place !

- Vous pouvez exclure Pierre Grandemy, il est trop ciblé ! Je vais voir éventuellement avec Pierre Nord* ! *(De son vrai André Brouillard*, très connu pour ses romans policiers et d'espionnage, publiés avant et après-guerre).* Je vous tiens au courant !

- Dernière question, pourquoi un rendez-vous dans un endroit aussi insolite ?

- Nous ne sommes pas à Paris ! J'évite tous les lieux publics, pour me garder de me faire repérer !

Sur le chemin de retour à la ferme du Thillois, je repense à notre conversation avec Paillole. La discussion me laisse un goût amer. Cette impression d'être épié par untel ou untel, nous éloigne un peu plus de notre objectif, chasser l'envahisseur.

Le mois d'avril, s'égrène dans la plus profonde monotonie. Je finis par me lasser de vendre des pneus et quitte à choisir j'aurais préféré faire partie « d'un service actions », plutôt que « d'un service de renseignement ». Et puis le matin, en regardant dans le miroir, ma tête, me fait de plus en plus horreur. Sans griller ma couverture et tout en gardant la barbe, je décide de passer chez le coiffeur, pour une coupe de cheveux un peu plus présentable.

Puisque je suis « dans le renseignement », deux endroits sont à privilégier pour entendre les cancans et autres rumeurs, les bistrots et les salons de coiffures. Je suis donc en première ligne, ce jeudi 29 avril. Le salon mixte que j'ai choisi, plein centre-ville, grouille de clients et surtout de clientes.

Une conversation entre deux femmes « sous casque », attire bientôt mon attention. Elles parlent fort, pour couvrir le ronronnement des appareils :

- Vous vous rendez compte, la Gestapo est venue arrêter Pierre Grandemy, hier chez lui, devant sa femme et ses deux enfants !

- Oui je ne suis pas étonnée, il parait qu'il traficotait dans le marché noir !

Pour être inquiétante, cette nouvelle au moins, va me permettre de reprendre du service. N'ayant aucune nouvelle de Paillole, depuis notre dernière rencontre, je décide malgré les consignes de passer outre, et de me rendre au domicile de Grandemy le lendemain.

En me présentant au 2 de la rue des Capucins, je prends tout de même un risque. L'immeuble est-il toujours sous surveillance ? Tant pis ! Je sonne au 3e étage, la même voix féminine me répond comme pour la première fois :

- Qui êtes-vous ? ma nouvelle coupe de cheveux a dû vraiment me transformer.

- Grenelle ! J'entends la porte se déverrouiller, sans plus de formalité.

- Bonjour Capitaine, entrez !

- Vous êtes seule ?

- Oui, les enfants sont à l'école !

- Que s'est-il passé Mercredi ? elle me répond faiblement, encore sous le coup de l'émotion.

- Il n'était pas 8 heures, quand la Gestapo a fait irruption dans l'appartement ! Ils ont vérifié l'identité de Pierre et puis ils l'ont embarqué pratiquement tout de suite ! Les enfants étaient apeurés ! Je ne savais que faire !

- Et depuis, avez-vous des nouvelles ?

- La plupart des internements, se font à Châlons sur Marne !

- Connaissez-vous quelqu'un sur place ?

- Vous savez, mon mari évitait de me parler de ses affaires…je n'arrive même plus à joindre mon frère, le docteur Jean Quentin*… à moins que…

- Oui je vous écoute !

- L'industriel Jacques Détré*, pourrait peut-être vous en dire plus !

- Vous avez son adresse ?

- Il habite au deuxième étage du 10 place Godinot à Reims !

- Très bien, je vais voir si je peux faire quelque chose !

Au moment où je pars, elle m'agrippe par la manche :

- Vous savez Capitaine, vous êtes mon seul espoir ! Depuis plusieurs semaines, tout le monde nous a lâché !

Je ne peux m'empêcher, de me remémorer la phrase de Paillole : « Vous pouvez exclure Pierre Grandemy, il est trop ciblé ! » De retour au Thillois, Mathilde se montre de fort bonne humeur :

- Mon chéri, demain samedi, nous pourrions sortir ! Le week-end s'annonce resplendissant !

- Je préférerais que nous remettions cette promenade à Dimanche ! Demain, j'ai un travail à faire ! la Mathoche, marque sa déception.

- Bon tant pis, en espérant que le temps reste au beau fixe !

Avant de me rendre chez Détré*, je passe à la poste pour trouver un maximum de renseignements sur son activité. Les bottins mis à ma disposition, m'indiquent qu'il s'agit d'un industriel du textile, propriétaire de la société familiale « Teinture et Apprêts », implantée Chaussée Bocquaine à Reims. Agé 32 ans, ses affaires sont multiples, il est secrétaire général, du Groupement Interprofessionnel des Syndicats Patronaux de Reims et de la Région (GISPR), secrétaire de l'Alliance Corporative des Industries et Commerces Textiles de Reims, ainsi que secrétaire des Jeunes Patrons et de l'Union Textile de Reims.

Je me rends ensuite au 10 place Godinot. L'édifice bourgeois bâti sur deux étages, comprend au rez de chaussée, le siège du GISPR, dont les volets sont clos.

L'endroit semble désert, il est vrai que la bâtisse se trouve en retrait de la rue, dans une cour intérieure. Aucune sonnette pour signaler ma présence, mais je n'ai aucun mal à pénétrer dans l'immeuble en poussant la porte d'entrée. Devant moi un couloir, les deux portes à droite et à gauche sont verrouillées. Je m'avance, une troisième porte se trouve sur la gauche, mais j'entends des pas, en provenance d'un escalier plus loin sur la droite. Je continue mon chemin, un homme fort élégant, cigarette au bec, me braque à mi-hauteur avec un pistolet :

- N'avancez plus ! Présentez-vous ! le ton ferme, ne m'engage pas à faire un pas de plus

- Je suis le capitaine Fixin du BCRA ! l'homme range son arme dans sa poche de veste.

- Ah oui, Philippe Perrier m'a parlé de vous ! Il parait que vous mettez votre nez partout !

- Pas spécialement, mais les circonstances m'y poussent parfois ! il sort une clef.

- Passons dans mon bureau ! Au GISPR nous sommes fermés le week-end ! Mon appartement se situe au-dessus ! Je verrouille tout, sauf la porte d'entrée !

- Madame Grandemy, m'a donné votre adresse ! Comme vous le savez déjà, son mari a été arrêté !

- Oui, dans un premier temps, il a été conduit au siège de la Gestapo 18 rue Jeanne d'Arc ! Depuis les renseignements qui m'ont été fournis, font état d'un transfert à Chalons sur Marne !

- Que pouvons-nous faire, pour le libérer ? un silence interminable s'ensuit, j'en profite pour me bourrer une pipe.

- Personnellement, je ne vois pas ! Détré, fume cigarette sur cigarette

- Son épouse prétend, que depuis plusieurs semaines, il a été livré à lui-même !

- Écoutez, capitaine la situation n'est pas si simple !

- Je sais bien ... il me coupe.

- Non vous ne savez rien ! Depuis la dissolution du Groupe « Libération Nord », nous vivons tous dans la crainte ! Chacun cherche à cloisonner son activité, pour éviter de se faire prendre ! Pourquoi croyez-vous que Paillole s'inquiète de vos démarches ? Si demain vous tombez, vous en savez déjà trop et vous risquez de tous nous compromettre !

- J'ai compris ! Dans ce cas, je ne vous demande qu'une seule chose, donnez-moi un contact fiable sur Chalons !

Détré, hésite un instant, il allume une nouvelle clope tout en réfléchissant. Puis il griffonne, un texte sur un bout de papier qu'il me tend : « Maître Maurice Pelthier*avocat, 84, rue Libergier Reims ».

- Qui est ce ?

- En général, il représente l'avocat commis d'office dans ce type d'affaire ! Je n'en ferai pas plus, débrouillez-vous avec lui ! (Jacques *Détré sera arrêté le 28 décembre 1943, repéré par une voiture gonio, alors qu'il passait un message. Torturé par la Gestapo dans la nuit dans la nuit du 29 au 30 décembre dans une cellule de la prison Robespierre, il sera retrouvé mort au petit matin*).

Après un tel rendez-vous, j'ai besoin de m'aérer l'esprit. De retour « à la maison de poupée », je tombe dans les bras de Mathilde :

- Ton invitation tient toujours pour demain ?

- Plus que jamais !

- Tu as déjà fait le programme ?

- Avec le beau temps, un déjeuner sur l'herbe s'impose !

- Tu invites Sylvain et Marie Thérèse ?

- Ah, non j'ai envie que pour une fois, nous soyons en tête à tête !

- Mais nous sommes déjà en tête à tête, tous les jours !

- Ce n'est pas pareil ! J'ai envie de sortir de la routine, nous n'allons pas devenir déjà un vieux couple !

Compte tenu de l'avancée de la grossesse de Mathilde, la sortie en vélo devient inenvisageable. Je charge donc le coffre de la Matford, avec nos victuailles pour le déjeuner. Nous finissons par trouver un endroit idéal bordé d'arbres, en bord de Marne. Nous sommes seuls les oiseaux gazouillent, nous pourrions presque oublier la guerre.

À l'abri du soleil, je suis allongé sur un plaid. Mathilde, me rejoint pour mettre son dos sur mon torse. Je pose ma main sur son ventre :

- Il est drôlement remuant ! Mathoche les yeux clos, sourit.

- Il tient de son père ! Qu'est-ce que tu préfères, garçon ou fille ? j'avoue, que je ne me suis pas encore posé la question.

- Une fille bien sûr, en souhaitant qu'elle soit aussi belle et aussi douce que sa maman !

- Si c'est un garçon, j'espère qu'il ne deviendra pas un militaire !

Je comprends l'angoisse de Mathilde, toutefois en cette période trouble, je me demande s'il est bien raisonnable d'avoir un enfant, garçon ou fille...

Chapitre 12 : Savoir se rendre utile !

Dès le lendemain matin, je suis à la poste pour prendre contact par téléphone avec Maître Pelthier* :

- Bonjour Maître, Pierre Fixin à l'appareil, j'aurai besoin d'un conseil juridique !

- Pour quel type de problème ?

- Disons que l'affaire est délicate, je préférerais que nous nous rencontrions, plutôt que de vous en parler par téléphone !

- Très bien, vous pouvez passer dans l'après-midi au cabinet ! Avez-vous l'adresse ?

- Oui, 84 rue Libergier !

- Parfait à tout à l'heure !

La rue se situe dans le centre de Reims. Lorsque l'on effectue son parcours jusqu'au bout, nous finissons par tomber sur la cathédrale. Une secrétaire, m'accueille et me fait patienter, dans une petite salle. L'avocat, finit par arriver et me fait pénétrer dans son cabinet :

- Maître, je ne vais pas y aller par quatre chemins, je viens pour l'affaire Grandemy ! Pelthier semble surpris.

- Ah oui, et vous êtes là à quel titre ?

- J'ai rencontré son épouse dernièrement, elle compte sur moi pour le tirer de son mauvais pas !

  Elle vous a dit que je suis commis d'office ?

- Non, j'ai su par une autre source ! l'avocat fronce les sourcils.

- Mais qui êtes-vous exactement ?

- Capitaine Pierre Fixin, du 2e bureau de Londres, détaché pour l'instant en France ! Pelthier semble sceptique.

- Des résistants sont arrêtés tous les jours ! Des cas comme celui de Grandemy, je m'en occupe régulièrement ! Pourquoi « la France Libre » s'intéresserait elle plus à lui, qu'à un autre ?

- Disons plutôt, que j'en fait une affaire personnelle ! Que risque-t-il ? Il se frotte le menton.

- Il n'y a pas de règle ! Pour l'instant, il est détenu en attendant son jugement ! Les allemands peuvent en faire un otage ! Dans ce cas, un peloton d'exécution, finit par servir d'exemple !

- Le faire évader, peut-être une solution ?

- Sans doute, après pour réussir, il faut une logistique considérable ! Les marges de manœuvres sont très faibles, les réseaux sont de plus en plus amoindris et sous surveillance ! Même nous avocats, nous ne sommes à l'abri de rien ! Il y' a tout juste un an, Georges Simon*, le bâtonnier, a été déporté, tout ça parce qu'il était juif ! Depuis nous n'avons plus de nouvelles ! *(Expédié par le premier train pour Auschwitz, Georges Simon y décède le 31 décembre 1943.)*

- Auriez-vous un contact à me donner sur Chalons ? l'avocat réfléchit, j'espère qu'il ne va pas faire comme Détré, me filer un nom, pour se débarrasser de la patate chaude.

- Je connais un jeune Bernard Luthy*, il est un peu inconscient ! D'un autre côté, pour ce type de mission il vaut mieux être une « tête brûlée » ! Vous pourrez le trouver sur Troyes, à la boulangerie « Drosières* » à Sainte Savine !

- Dites donc Troyes, Chalons ce n'est pas la porte à côté !

- Effectivement, aujourd'hui les réseaux, délocalisent leur zone d'action de leur lieu de résidence, pour mieux brouiller les pistes !

Nous échangeons une dernière poignée de main, je ne sais pas si dans son sourire, je dois voir de la compassion, ou de l'ironie.

Battre le fer pendant qu'il est chaud, après tout je n'ai pas encore écumé les garages de Troyes, j'ai donc un prétexte supplémentaires pour m'y rendre. Après m'être renseigné, je me pointe à l'adresse indiquée, rue Benoit Malon. Outre d'être cernée par des bonneteries en tout genre, la boulangerie voisine avec la poste :

- Bonjour Madame, je souhaiterais rencontrer Bernard Luthy !

- Impossible pour l'instant il dort ! devant mon étonnement, la dame croit bon d'ajouter, « vous savez dans la boulange on travaille aussi de nuit ! »

- À quel moment puis je lui parler ?

- Revenez vers 17 heures, je pense qu'il sera disponible !

Bon, je fais contre mauvaise fortune bon cœur, en décrochant quelques commandes, en attendant 5 heures du soir. La boulangerie est déserte, contrairement à ma première visite du matin. Un jeune homme en marcel, avec un béret blanc vissé sur la tête, aligne sur des étagères pains et bâtards.

- Bonsoir, je viens de la part de maître Pelthier ! instinctivement, le jeune homme surveille les alentours, regardant à droite et à gauche, guettant la moindre présence suspecte.

- Jeannine, tu peux venir tenir la boutique, un instant ! Venez, nous serons mieux « dans le pétrin » ! sur le moment je me demande s'il s'agit de premier ou de deuxième degré. « Pelthier m'a prévenu de votre visite, je ne sous attendais pas si tôt » ! nous voilà dans l'arrière-boutique.

- Je cherche un plan pour faire libérer Grandemy ?

- Dans ce cas, nous avons deux manières d'agir, la force ou la ruse ! je me remémore la remarque de l'avocat le concernant : « tête brûlée ».

- Je préférerais la manière douce !

- Nous ne pouvons faire sortir un prisonnier, que pour des raisons sanitaires ! Dans ce cas il nous faut un fourgon ambulance, ce n'est pas le plus dur à trouver, des uniformes allemands, une infirmière et des faux papiers !

- Combien de personnes pour monter l'opération ?

- Trois au minimum !

- Je peux en être ?

- Parlez-vous allemand ? j'hésite à lui parler franchement.

- Disons que j'ai des notions !

- N'y comptez même pas, trop de risques ! Pour les deux types parlant « schleu », je m'en charge, le fourgon et les uniformes aussi ! Occupez-vous des papiers et revenez vers moi !

- Très bien je fais le nécessaire !

Je ne m'éternise pas. 125 km, me séparent de la cité des rois, et je dois rentrer avant le couvre-feu.

Sur le chemin du retour, je réfléchis sur la manière de me procurer des faux papiers. Je sais que les fridolins, aiment bien la paperasse et les cachets. Avoir du papier avec l'entête de l'hôpital de Reims, par Marie Thérèse ne devrait pas poser de problème. Le plus dur concerne l'Ausweis et les tampons qui vont avec. Pelthier, doit bien conserver quelques documents de la Kommandantur qui pourraient être maquillés. Pour le faussaire, je sais que Jacques Détré détient un réseau, reste à le convaincre, ce n'est certainement pas le plus simple.

Je profite du dimanche suivant et de la présence de Marie Thérèse, pour lui poser la question :

114

- J'aurais besoin que tu me procures du papier à en-tête vierge de l'hôpital, ainsi qu'un cachet ! je vois Mathilde, rougir et elle peine à se contenir.

- Dit donc Pierre, tu ne vas pas entraîner Marie Thérèse dans tes petites magouilles ?

- Non, j'ai simplement besoin de ces deux choses !

- Je ne suis pas d'accord et je pense que Jacqueline, penserait la même chose ! l'antillaise essaye de tempérer la Mathoche.

- Bon d'un autre côté, ce n'est pas non plus la mer à boire !

- Oh toi, dès qu'il s'agit de Pierre, tu es prête à tout lui passer ! Marie Thérèse s'en amuse.

- Je vais même t'en dire plus Pierrot, Mathilde va m'y aider ! nous attendons la suite. « Nos collègues seront contents de te voir, pendant que tu vas les distraire, j'irai farfouiller dans le bureau du patron ! »

Sans remplir de joie ma chérie, cette possibilité a au moins le mérite de la calmer. J'en rajoute une dernière couche : « Bon, puisque tout le monde est d'accord, je vous laisse faire les filles ! »

Pour la suite du programme, je contacte directement maître Pelthier à son cabinet. Alors qu'il discute avec sa secrétaire, il s'aperçoit de ma présente et abrège son entretien avec un client :

- J'ai réussi à rencontrer Grandemy à la caserne Tirlet de Chalons, là où il est détenu !

- Comment va-t-il ?

- À Reims, La Gestapo l'a tabassé ! Il lui reste quelques séquelles ! Sinon à la prison, ils le traitent normalement, même s'il se retrouve à l'isolement !

- Quelles sont les charges ?

- Trafic d'armes !

- Une date de procès a-t-elle été fixée ?

- Pas encore, ça peut traîner plusieurs semaines, voire plusieurs mois !

- Vous avez pu vous entretenir normalement avec lui ?

- Non, toujours en présence d'un geôlier !

- Donc, vous n'avez pas pu lui parler de mon projet de le faire évader ?

- Non impossible, je me suis simplement efforcé de le rassurer ! Avez-vous rencontré « Pierre » ?

- Je ne vois pas de qui vous voulez me parler ?

- Oui, pardon ! « Pierre », c'est le nom de code de Bernard Luthy* !

- Justement, l'idée est de faire évader Grandemy à l'aide d'un véhicule sanitaire ! De mon côté, je suis chargé de fournir les papiers ! Pour la partie médicale, le problème devrait se régler rapidement, reste l'Ausweis ? l'avocat me fixe d'un regard sceptique.

- Vous ne pensez tout de même pas, que je vais en demander un à la Kommandantur ?

- Non, je me disais que vous aviez forcement d'ancien laissez-passer, qu'un faussaire pourrait maquiller habilement !

Pelthier réfléchit un instant, puis se tourne vers un classeur à tiroirs, dont il extrait un certain nombre de papiers :

- Tenez faites votre choix !

Je prends quelques minutes pour tous les examiner. Deux documents, pourraient faire l'affaire, avec peu de texte et des cachets bien visibles :

- Puis je vous prendre les deux ?

- Sans problème ! Dès que vous serez opérationnel prevenez moi, je me débrouillerai pour faire passer le message à Grandemy !

116

De retour au Thillois, Mathilde et Marie Thérèse, sont en grande discussion. Cette dernière particulièrement joyeuse m'interpelle :

- Dit donc Pierrot, tu vas pouvoir m'embaucher comme auxiliaire !

Elle extrait de son sac, plusieurs feuilles à en-tête de l'hôpital ainsi qu'un cachet. Mathilde, hausse les yeux au ciel :

- J'espère que c'est la dernière fois, que tu nous demandes ce genre de service ? je me mets à rire.

- Oui, jusqu'à la prochaine fois !

Reste le plat de résistance, convaincre Jacques Détré, d'accepter d'entrer dans la boucle. Jeudi 6 mai, je me pointe à son domicile, les volets du GISPR sont ouverts. L'endroit, commence à m'être familier, la première pièce à droite comprend le secrétariat. Je m'adresse à une jeune femme :

- Bonjour pourrais-je voir Monsieur Détré ?

- Oui, de la part de qui ?

- Pierre Fixin ! la porte du bureau de l'industriel est ouverte et il ne tarde pas à réagir.

- Quoi encore vous ? il se précipite au grand étonnement de la secrétaire, m'entraîne avec lui, avant de refermer la porte de son cabinet de travail.

- J'ai réussi à avancer sur l'affaire Grandemy !

- Le moins que l'on puisse dire, c'est que vous êtes têtu !

- L'idée, est de le faire sortir, en prétextant des causes sanitaires !

Je sors d'un porte document, les papiers et le cachet que m'a fourni Marie Thérèse. Détré, s'en saisit et compulse le tout avec attention. Je le relance :

- Le plus compliqué sera de maquiller l'Ausweis !

- C'est très faisable, néanmoins nous ne pouvons écrire les textes, que si vous avez une date précise pour l'opération ?
- Oui, je m'en occupe ! Sinon, il vous faut combien de temps pour réaliser le tout ?
- Une petite semaine, à peine !
- Très bien, je reviens vers vous dès que possible !

Je pense que le plus gros de l'opération est monté. Il n'y a plus qu'à contacter « Pierre » pour les dernières modalités.

Je me précipite à la poste pour téléphoner à la boulangerie « Drosières ». Afin d'éviter le « problème de la sieste », je ne cherche à contacter Luthy que vers 17 heures. J'ai la chance de tomber directement sur lui :

- Bonjour Pierre Fixin en ligne, je vous appelle pour « l'enlèvement des pains » !
- J'ai réussi à avoir le véhicule et le personnel ! Quelle date vous arrangerait ? je réfléchis un instant.
- Vendredi 14 mai, me parait très bien !
- Parfait, j'attends votre confirmation !

Le tour est joué, je n'ai plus qu'à passer un deuxième coup de fil à Jacques Détré :

- Oui Fixin à l'appareil ! Nous avions parlé d'une date pour une livraison de bonneterie ? ces collaborateurs étant déjà partis, il me répond directement.
- Je vous écoute !
- Vous pouvez éditer la facture au 14 mai, je me charge de la livraison. !
- Très bien, vous pourrez récupérer le document, mardi en fin d'après-midi !

Enfin le cœur léger, je peux rentrer à la ferme du Thillois. Mathilde, doit s'apercevoir de mon changement d'attitude :

- Tu as l'air soulagé mon chéri ?

- Oui, enfin je le serai complètement, dans un peu plus d'une semaine !

- Tu ne connais pas la dernière, Sylvain s'est trouvé une copine, il doit nous la présenter dimanche prochain ! Nous sommes invités pour déjeuner !

- Super, il mérite d'être aussi heureux que nous deux ! Je ne crois pas si bien dire.

Dimanche 16 mai, Mathilde a réussi à dégoter une bouteille de champagne pour fêter l'événement :

- Bonjour, je vous présente Edith ! instinctivement, j'identifie la petite blonde, qui m'avait accueilli au GISPR. Elle m'a reconnu.

- Nous nous sommes déjà rencontrés, n'est-ce pas ?

- Ah non, je ne pense pas !

- Mais si, je travaille pour Monsieur Détré ! bon je ne peux plus faire semblant.

- Ah oui, effectivement ça me revient !

- Vous êtes dans le textile également ? Mathilde, scrute ma réaction d'un air interrogatif.

- Non… en fait…je sers d'intermédiaire, pour un ami !

Ma chérie, a bien compris, qu'il vaut mieux changer de sujet et s'efforce de brancher Sylvain et Edith sur leur première rencontre. Une fois la conversation déviée, le reste de la journée se passe le plus normalement du monde. Néanmoins, en rentrant, la Mathoche, ne peut pas s'empêcher de me faire quelques commentaires ironiques :

- Dit donc, elle est pas mal du tout, la nouvelle copine de mon frère ! Vous aviez l'air de pas mal vous entendre…avant qu'il ne la rencontre ?

Pour toute réponse, je me contente de la prendre par la taille, de hausser les épaules et de lui glisser un baiser sur le front. Elle se gausse, visiblement satisfaite de son petit effet.

Mardi 18 mai, je dois récupérer les faux documents concernant la libération de Grandemy et la pression monte en moi. Au moment où je quitte le Thillois, Marie Thérèse arrive en vélo tout essoufflée. Elle me tend un message : « transfert imminent, me contacter rapidement signé Maître Pelthier ». J'ai compris qu'il n'y a pas une minute à perdre, j'embarque Marie Thérèse et son vélo dans la Matford, direction l'hôpital.

L'antillaise doit se douter que la situation est grave, je ne décroche pas un mot pendant le parcours et je contente « d'un merci » une fois sur place. Puis je me précipite au cabinet de Pelthier, il est sur le trottoir au moment où j'arrive :

- Que se passe-t-il ?

- Je pars pour Chalons, Grandemy doit être transféré sur Compiègne d'un moment à l'autre !

- C'est une catastrophe, tout notre plan tombe à l'eau !

Je n'ai pas besoin d'une réponse, je lis le désarroi dans le regard de l'avocat. Nos craintes se confirment, le transport s'effectue le mercredi à l'ancienne caserne de Royallieu, 48 heures à peine, avant notre action de libération. (*L'auteur, prend une certaine liberté avec la date, Pierre Grandemy sera transféré sur Compiègne le 18 janvier 1944*).

La mort dans l'âme, je préviens « Pierre » à la boulangerie, de l'annulation de l'opération. (*Bernard Luthy, alias « Pierre », sera arrêté le 17 mars 1944 à Troyes. La cour Martiale de la Milice, le fait exécuter le 11 avril 1944 à Chalons/Marne, il venait d'avoir 20 ans.*)

Chapitre 13 : Rex, un vent pour l'unification.

Je prends cette opération pour un échec personnel, bien décidé à ne pas en rester là. Je décide, de rentrer sur la capitale, afin de voir s'il encore possible, de monter un plan similaire d'action sur Compiègne. Bien sûr avant tout, il est de mon devoir de prévenir Mathilde :

- Mon cœur, il va falloir que je passe quelques jours sur Paris ! la Mathoche, montre une moue de réprobation.

- Pierre, je te rappelle, que j'accouche dans trois semaines, tout au plus !

- Ne t'inquiète pas, je n'ai pas oublié, je serai bien présent !

Me voilà de retour sur Colombes, j'évite de passer chez mes parents dans un premier temps, pour me rendre directement au « Château de Biffinville ». « Couillotin », garde toujours l'accueil :

- Bonjour Madame, auriez-vous encore une chambre de libre ?

- J'en garde toujours une, pour les « bons clients », Monsieur Fixin ! elle me tend une clef avec le sourire, sans plus de formalité.

Une fois installé, je saisis l'opportunité de me rendre sur Paris en chemin de fer. Prendre la température chez « Léa », permet d'avoir des nouvelles fraîches. Je me pointe à l'heure de l'apéro, ce n'est pas le meilleur moment, je patiente un certain temps avant que le dernier client ne s'en aille.

Puis Léa, boucle la porte d'entrée, en sortant son panneau « fermé ». Elle revient avec une bouteille sans étiquette et deux verres :

- C'est jour avec alcool aujourd'hui ?

- Pas vraiment, mais l'établissement vient de fermer ! il s'agit d'un excellent muscat, non destiné à la clientèle je suppose.

- Quelles sont les nouvelles ?

- Vous concernant, vous alimentez toutes les conversations !

- Ah bon, de la part de qui ?

- Brossolette, d'Autrevault, « Rex », j'en passe et des meilleurs... ! je réfléchis un instant, mais je n'ai pas envie de créer des polémiques. Ah j'oubliais « Passy » est sur Paris, je pense qu'il va vouloir vous rencontrer, s'il s'est que vous êtes revenu dans la capitale ! je suis ma petite idée, sans prêter attention à sa remarque.

- Je cherche un contact sur Compiègne ? Léa, semble fouiller dans sa mémoire.

- Plutôt difficile à trouver, depuis que le « Groupe de Compiègne » a été complètement démantelé ! Ce n'est que la suite de la dislocation de « Libération Nord » !

Léa se lève, va prendre une clef dans un tiroir du bar, puis se précipite dans l'arrière salle. Elle revient, un papier à la main qu'elle me tend : « Raymond Vaillant*, garagiste à Verberie (Oise) », elle me précise :

- Il fait partie de l'O.C.M ! (*Organisation Civile et Militaire, fondée en décembre 1940, par la fusion de l'EFOR et la Confédération des Travailleurs Intellectuels.*)

- Très bien Léa, merci beaucoup !

- Vous comptez prévenir d'Autrevault, de votre retour ?

- Sûrement pas ! ... Le commandant n'a pas arrêté de me balader depuis mon retour d'Angleterre !

- Et pour Passy ? je ne me vois pas répondre par la négative.

- Oui bien-sûr !

- Comment puis-je vous joindre ?

- Je suis au Château de Biffinville, à Colombes !

- Vous devriez avoir de mes nouvelles rapidement, j'ai le sentiment que la situation évolue en ce moment !

Avant de me rendre à Verberie, je pense qu'il est nécessaire de donner signe de vie aux parents. Je me pointe sans crier gare un soir au pavillon de Colombes, Maman se montre fort surprise :

- Tu n'es pas à Reims auprès de Mathilde ?

- Non j'ai une mission sur Paris ! Jacqueline, ne laisse pas passer l'occasion de me donner son sentiment.

- Pierre tu exagères ! C'est maintenant qu'elle a besoin de toi ! Tu parles d'un futur père de famille ! mon père vient à la rescousse.

- Va t'elle bien au moins ?

- Oui parfaitement bien, sa grossesse se passe le mieux du monde ! Elles parfaitement épanouie ! Maman relance.

- À quel moment doit-elle accoucher ?

- Logiquement sur la première semaine de juin !

Comme de tradition, la fin de soirée se prolonge dans la chambre de Jacqueline, dans une discussion entre ma sœur et moi :

- Pierre, on ne peut jamais compter sur toi ! Au train où vont les choses, tu es capable de pas être là pendant l'accouchement !

- Écoute, je fais tout mon possible ! Mathilde n'est pas livrée à elle-même ! Marie Thérèse, passe au Thilois, presque tous les jours, son frère aussi !

-   Bon de toutes façons, je vais tout faire pour me libérer début juin ! J'ai envie que mon neveu ou ma nièce, rencontre leur tante, le plus tôt possible !

Vendredi 21 mai, je prends la Matford direction Verberie, j'arrive au garage en fin de matinée. L'endroit est plutôt exigu, un arpette change les bougies d'une Peugeot 202 empiétant à moitié sur la rue.

-   Bonjour, je viens pour rencontrer Monsieur Vaillant ! le gamin lève la tête de sous le capot.

-   Raymond doit être dans le bureau ! Vous pouvez y aller !

Je comprends la difficulté pour travailler. Le local déborde de véhicules et je dois me frayer une chemin au milieu des voitures, pour me rendre dans le bureau. Vaillant, fait visiblement ses comptes avec sa secrétaire :

-   Bonjour, je suis Pierre Fixin, de la Maison Goodrich !

-   Vous tombez mal, je suis en plein dans mes factures ! Les clients ne payent pas bien en ce moment ! Vous voyez les véhicules dans le garage ? J'ai été obligé de les bloquer faute de paiement ! Pour les pneus, j'ai un stock suffisant ! je décide de jouer le tout pour le tout.

-   En fait, je viens de la part de « Monsieur Max » ! le silence se fait, puis Raymond finit par reprendre la parole.

-   Tu peux nous laisser Sylvie, nous continuerons les comptes plus tard ! La secrétaire sort, sans demander de détail.

-   Qui êtes-vous exactement !

-   Capitaine Fixin du BCRA !

-   Que me vaut l'honneur de votre visite ?

-   J'avais élaboré de faire évader un résistant incarcéré à Chalons sur Marne, l'opération a échoué au dernier moment, suite à un transfert sur Royallieu ! visiblement il attend la suite. « Je cherche une équipe pour monter la même opération, avec pour but, d'arriver à terme cette fois ! »

Vaillant, se pose un instant, avant de repartir sur un long monologue :

- Vous ne trouverez aucune équipe capable d'effectuer ce genre de travail dans le secteur, depuis le démantèlement du « Groupe de Compiègne » ! Moi-même, j'en suis réduit avec quelques camarades, à des tâches subalternes !

- Il ne s'agit pas de prendre l'ancienne caserne d'assaut ! Il faut simplement trouver un véhicule sanitaire, deux hommes en uniformes, dont un parlant allemand, pour l'infirmière et les faux papiers je m'en charge !

Il sort une feuille blanche d'un tiroir et commence à dessiner à l'aide d'un crayon : « Vous voyez là, je suis en train de reconstituer les 25 bâtiments principaux du camp, sans parler des annexes ! À l'intérieur le dispositif se divise en trois ! Vous avec d'un côté les juifs, de l'autre les résistants, et enfin les communistes ! Tout autour, l'enceinte est protégée par des murs surmontés de barbelés, sans parler des miradors avec les nids de mitrailleuses ! les détenus sont en transit avant de partir pour des camps en Allemagne ! Ils peuvent séjourner sur place, de quelques jours à plusieurs semaines ! »

- Quelle conclusion en tirez-vous ?

- Primo, vous ne pourrez pas entrer avec une ambulance aussi facilement que dans une autre prison ! Secundo, les rares prisonniers évacués pour des raisons sanitaires, le sont dans la quasi-totalité des cas, à l'initiative des allemands ! Alors si vous n'avez pas de relation chez eux, bon courage !

J'ai bien compris que le plan élaboré à Reims, n'est pas réalisable en l'état sur Royallieu. Il faut donc essayer de trouver une autre solution. Je remercie Raymond Vaillant*, pour tous ces renseignements, en lui précisant que je reviendrai vers lui au besoin.

125

Après cette mauvaise nouvelle, une autre surprise m'attend à l'hôtel. « Couillotin », me tend un billet : « R d v, dimanche 23 mai au jardin de l'Observatoire devant la statue de François Arago, signé « Passy ». Je me remémore, notre conversation avec Léa 48 heures, plus tôt et je constate que les choses ne trainent pas.

Pour une fois, j'applique les mesures de sécurité du BCRA au pied de la lettre, pour me rendre à mon rendez-vous. Après avoir pris le train et le métro, je change de trottoir prend un bus, revient sur mes pas, pour semer un éventuel suiveur. J'ai calculé un horaire suffisamment large, pour arriver dans les temps. J'arrive pile poil à l'heure ;

Sur place je reconnais de dos la silhouette d'André Dewavrin. En civil la casquette remplace le képi et dissimule sa calvitie :

- Belle statue mon colonel !

- J'ai failli attendre Grenelle ! Faisons quelques pas voulez-vous ! Le dialogue commence bien, Passy à l'air particulièrement bougon.

- Je passe sur vos frasques à Reims, ce n'est pas le sujet d'aujourd'hui ! j'essaye de me justifier.

- Mon Colonel, j'ai simplement essayé de faire évader un de nos camarades Pierre Grandemy... il me coupe

- Stop ! Vous rêvez ! Henri Manhes*, qui était le bras droit de Rex sur Paris, a été arrêté début mars ! Peu après, les allemands l'ont emprisonné au camps de Royallieu ! Depuis Rex cherche vainement une solution, pour le faire libérer ! Des camarades tombent tous les jours, aujourd'hui Manhes où Grandemy, le prochain sur la liste, peut-être Rex, vous, ou moi ! En nous engageant, nous savons tous les risques que nous prenons ! j'ai compris c'est inutile d'insister.

- Et maintenant que dois faire ?

- Je veux vous intégrer dans l'équipe de Rex ! Je suis surpris par la proposition.

- De quelle manière ?

- Rex, depuis un moment cherche a étoffé son staff ! Il a mis en place depuis moins d'un mois, une cellule sur Paris en parallèle de son secrétariat sur Lyon ! Il manque de radio, de chiffreur, c'est le moment de vous intégrer !

- Pour quelle type de mission ? j'ai peur encore une fois d'être relégué dans une tache subalterne.

- Ecoutez la réunification des réseaux n'est pas simple ! Dans la zone sud, principalement « Charvet » (*Henri Fresnay*), mais aussi « Lenoir » (*J.P Lévy*) et « Bernard » (*Emmanuel* d'Astier), veulent garder le pouvoir ! Dans la zone nord « Brumaire » (*Brossollette*), cherche à faire la pluie et le beau temps, je veux que vous soyez mes yeux et mes oreilles !

- Bon, mais Rex sait que je suis avant tout un homme du BCRA, sous votre commandement !

- Oui, mais il sait aussi que vous avez la confiance du général De Gaulle ! Pour lui c'est l'essentiel et un gage de fidélité ! Concrètement vous avez rendez-vous, demain à 10 heures ici même avec une certaine « Suzette » ! Pour vous identifier présentez-vous avec le journal « Signal » !

Au fond de moi, je me dis que personne ne se balade dans la rue avec ce canard à la gloire du grand Reich… sauf les résistants peut-être ! Je m'étonne d'ailleurs que les allemands ne s'en aperçoivent pas !

Je décide de passer le dimanche soir chez les parents. Je passe tout de même avant, un coup de fil à l'hôpital de Reims, pour avoir des nouvelles de ma chérie, via Marie Thérèse :

- Tout va bien Pierrot, mais tu lui manques beaucoup !

- Écoute tu l'embrasses de ma part ! Tu lui dis, que j'ai encore un rendez-vous jeudi prochain, ensuite je me débrouille pour rentrer sur Reims !

Au pavillon de Colombes, Jacqueline n'est pas là, elle assure la permanence à l'hôpital d'Argenteuil. Néanmoins, maman Greta, ne se prive pas de faire passer les messages :

127

- Pierre, ta sœur s'inquiète de ton attitude ! Elle a prévu de se rendre à Reims par ses propres moyens, sur la première semaine de juin !

- C'est inutile, j'ai prévu de m'y rendre également ! Je sais qu'elle tient à voir sa « belle-sœur » ! Nous pourrons faire le voyage ensemble, en voiture !

- Tu sais, Jacqueline tient beaucoup à Mathilde !

- Oui, depuis « l'affaire du Vel d'Hiv », elles sont fusionnelles ! *(Voir « Nom de code Grenelle ».)*

Me voilà de retour au 96 boulevard Arago, sous la statue du physicien du même nom. Une jeune femme petite et menue au regard expressif, viens m'accoster :

- Êtes-vous Grenelle ?

- Oui c'est moi !

- Je suis « Suzette » (*Suzanne Olivier**) ! elle ne m'en dit pas plus, mais me tend une poignée de main énergique.

- Nous allons quelques part, je suppose ?

- Oui suivez-moi, à quelques pas derrière moi ! je suis surpris pas cet excès de précaution, voire de zèle. Sentant ma gène, elle croit bon d'ajouter : « Nous respectons les consignes de Rex ! »

Nous finissons par prendre un bus, puis un deuxième. Nous sommes toujours espacés de quelques mètres, pour finalement nous retrouver dans le 6e arrondissement au 26 de la rue Vavin.

- Voilà c'est ici au 4e étage ! machinalement je regarde la boîte à lettres correspondante, indique le nom de Melle Dourne*. Nous pénétrons dans un appartement, un jeune homme de mon âge m'accueille plutôt chaleureusement :

- Bonjour, je suis « Alain » le secrétaire de « Rex », vous connaissez déjà Suzette, voici « Mado » (*Laure Diebold*) ! la jeune femme tape à la machine sur une grosse Underwood.

Enfin une autre personne arrive dans la pièce principale. Ah oui j'oubliais « Germain » (*Hugues Limonti**), « l'homme de toutes les taches ! »

- Nous attendons « Rex » je suppose ? Mado me répond.

- Non il ne vient jamais, il ne connait même pas notre bureau !

A propos de bureau, je trouve bizarre que le lieu ressemble plus à un appartement, plutôt qu'à un espace de travail. « Alain », me conforte dans mon impression :

- Nous travaillons ici la journée ! Le soir l'endroit redevient un logement privatif ! puis il revient à l'essentiel. Nous allons avoir besoin de vous jeudi prochain, le 27 mai, pour accueillir une partie des membres de la première réunion du CNR, présidée par Rex ! 16 personnes sont attendues et il n'est pas question qu'ils arrivent groupées, pour des raisons de sécurité, mais par deux ou par trois au maximum !

Nous mettons rapidement d'accord, je dois récupérer gare de Lyon Georges Bidault « alias Bip » et Joseph Laniel, deux anciens politiciens de la troisième république, dont je connais le visage par la presse. Le rendez-vous, est fixé au 47 rue du Four dans le 6e arrondissement, à 14 heures.

Le jeudi gare de Lyon, je n'ai aucun mal à reconnaitre « Bip », avec sa petite taille et son front légèrement dégarni. Laniel plus massif, à la mâchoire volontaire et carré lui emboite le pas. Je passe les consignes, nous marchons l'un derrière l'autre, en évitant les échanges entre nous jusqu'à notre destination. Si Laniel respecte la règle à la lettre, Bidault, visiblement très excité par la réunion, se montre plus loquace. Je le sens très proche de Rex.

En arrivant sur place, je distingue « le patron » discutant avec Alain à l'angle de la rue du Dragon et de la rue du Four, avant qu'il ne se dirige à hauteur du 48. Il me fait signe de la tête de faire pénétrer Bidault et Laniel en face au 47.

Une fois ma mission accomplie, je croise Pierre Villon et Claudius Petit escorté par une personne que je ne connais pas (« *Champion* » *Robert Chambeiron**). Ne sachant plus quoi faire, je rejoints Alain qui se tient près d'une cabine téléphonique. Il me demande de me poster en surveillance au coin de la rue de Rennes, près de la bouche du Métro Saint Sulpice, je m'exécute.

Rester stationné, immobile, représente un risque, en conséquence je bouge faisant semblant de m'intéresser aux vitrines des magasins qui me renvoient les images de la rue. Je pense que je vie un moment historique alors qu'à deux pas, se tient la première réunion du Conseil National de la Résistance.

Ils sont tous là, les partis, la SFIO, le Parti Radical, le PCF, le Parti Démocrate Populaire, l'Alliance Démocratique et la Fédération Républicaine. Les syndicats, la CGT et la CFTC, et bien entendu les principaux mouvements de résistance des deux zones : « Libération Nord et Sud », « Combat », « Franc-Tireur », « l'OCM », le « Front National de la Résistance » *(Crée par le Parti Communiste),* etc... Un Sacré tour de force réalisé par « Rex » ! Je remarque toutefois, l'absence de Brossolette.

Le temps commence à s'éterniser, je consulte ma montre il est à peine 15 heures. Je distingue toujours Alain, prêt à donner l'alerte de la cabine téléphonique. Une question me taraude, les hommes auraient ils le temps ou la possibilité, de quitter l'entresol où se tient la séance en cas d'intervention de la Gestapo ?

André Le Troquer*, reconnaissable à son bras mutilé pendant la Grande Guerre, sort le premier du 48. Il s'engouffre dans la rue du Dragon avant de disparaitre. Puis vient « Lenormand » *(Roger Coquoin*)* qui passe devant moi. Il est suivi par « Lefort » *(Jacques Lecompte Boinet)* petit fils du général Mangin et membre de Combat Zone Nord. Puis s'égrène un par un, tous les membres de la réunion. Alain me rejoint, il y'a deux heures que nous faisons le pied de grue. Rex apparait enfin et nous entrainent rue du Cherche Midi. Malgré la fatigue, il est rayonnant : « Tout va bien ! Venez me rejoindre tous les deux ce soir à 19 heures, à la galerie d'Art du quai des orfèvres sur l'Ile de la Cité ! »

Au fond de moi, je me dis drôle d'endroit pour un rendez-vous. En arrivant sur place j'ai l'explication. Alain m'indique que Rex est avant tout un artiste peintre, amateur d'art, qui possède une galerie dans le midi. Les œuvres présentées ne sont guère à mon goût. La plupart sont de Vladimir Kandinsky, totalement hermétique pour le profane que je suis. Rex apparait enfin :

Messieurs, une motion a été votée à l'unanimité, par laquelle la résistance unifiée représentative de l'ensemble des mouvements, partis et syndicats, reconnaît le général De Gaulle, comme seul chef légitime mandataire des intérêts de la France ! Il ajoute « Quel que soit l'issue des négociations, De Gaulle demeurera pour tous, le seul chef de la résistance française ! »

« Alain » et moi, sommes conscients de vivre un grand moment. Pourtant Rex, le visage fatigué, les traits tirés, ne semble qu'à moitié satisfait, il m'attire à l'écart de son secrétaire, je le sens inquiet :

- Quelque chose ne va pas ?

- Pour la théorie c'est fait, reste maintenant à passer à la pratique ! « Charvet » (*Henri Fresnay**) ne s'est fait représenter aujourd'hui, que par son bras droit de « Combat », « Lorrain » (*Claude Bourdet**) ! Je le soupçonne, de jouer un double jeu entre De Gaulle et Giraud ! Il a reçu également, des fonds des américains dernièrement, via la Suisse ! Je me méfie également de « Barrès » (*Pierre de Bénouville*), cet ancien cagoulard, passé par Vichy, rallié depuis au général ! Ses ambitions peuvent l'amener, à faire n'importe quoi ! Sans parler de « Brumaire » (*Brossolette)*, sur qui je ne peux pas compter ! Tout ça pour vous dire, que d'un côté, la Gestapo et Vichy me traquent, de l'autre je dois me protéger de « mes amis » ! Rex en général si souriant, se ferme.

- Mais enfin, vous avez rempli votre mission, au-delà de toutes nos espérances ! Qu'est-cc qui vous empêche de rentrer à Londres ?

- Depuis, neuf mois maintenant le général Delestraint* commande l'armée secrète ! Si je le laisse seul, j'ai peur « que les vautours » ne s'arrachent sa dépouille, pour prendre sa place ! je ne vois pas où il veut en venir.

- Je ne suis pas sûr du rôle que je peux jouer, au milieu de tout ça ?

- De surveillant ! Je ne peux pas me couper en deux et être en même temps, dans la zone nord et la zone sud ! Aujourd'hui je ne peux compter que sur « Alain » ! La petite équipe qu'il a réussi à mettre en place est insuffisante, d'autant que maintenant nous deux points d'ancrage sur Paris et Lyon ! J'ai besoin d'un agent polyvalent mobile !

- Pourquoi moi, et pas d'Autrevaux ?

- Le commandant, a déjà suffisamment de mission ! Après tout, vous avec la confiance du « Général », la mienne et celle de Passy ! J'ai son accord ! Pouvez-vous vous libérer rapidement ?

- Ma femme qui vit actuellement sur Reims, doit accoucher prochainement !

- Ah bon vous êtes marié ? Je l'ignorais !

- Non... enfin... je devrais régulariser rapidement !

- Pour votre femme, vous pouvez rester près d'elle jusqu'à son accouchement ! Je suppose, qu'il s'agit d'une semaine ou dix jours tout au plus ?

- Je le pense également !

- Après soyez attentif au moindre mouvement sur la zone nord ! Aussi bien côté allemand, que côté français, toutes les organisations politiques, syndicalistes ou de résistance sont concernées...sans oublier « Charvet » ! Comme je ne suis pas toujours joignable, passez systématiquement par « Alain » !

132

Tout est dit ou presque, nous partageons une dernière poignée de main, pendant que Daniel Cordier me raccompagne. Dernier échange de paroles, Alain s'adresse à moi :

- Je suppose, que nous allons être amener à nous revoir rapidement, sur Lyon ou Paris ?

- Je le suppose également...

Chapitre 14 : Le piège de « la Muette ».

Samedi 29 mai, dernier préparatif avec Jacqueline, nous nous apprêtons à prendre la route pour Reims. Léa et Couillotin, ont reçu les consignes de passer par Marie Thérèse en cas d'urgence. Fort de son investiture par le CNR, le général De Gaulle, s'apprête à retrouver le général Giraud à Alger.

À la ferme du Thillois, les retrouvailles entre Mathilde et Jacqueline représentent un grand moment. Les deux filles, ne se sont pas rencontrées depuis mon départ pour Londres en novembre dernier. Bref, j'ai l'impression de ne pas exister, au milieu des « deux belles sœurs ». Puis vient le problème du couchage, dans la maison de poupée. J'apprends que Sylvain et Edith, sont en couple et que « le beau- frère », établit ses nouveaux quartiers chez la demoiselle. À la guerre comme à la guerre, Jacqueline va coucher sur un matelas, ce ne sera pas la première fois, ni sans doute la dernière.

Je continue ma fonction de voyageur de commerce. À ma grande surprise, je suis accueilli à bras ouvert dans un garage de Gueux, que je n'avais pas eu encore le temps de visiter. Le propriétaire m'apprend, que des sympathisants de la résistance, viennent de détruire 300 tonnes de pneus, dans les usines Michelin de Clermont Ferrand. Les affaires reprennent !

Le début de semaine, se déroule le mieux du monde jusqu'au samedi. Il doit être 3 heures du matin, lorsque Mathilde me réveille : « Pierre je perds les eaux ». Nous prenons tous les trois, avec Jacqueline, la direction de l'hôpital de Reims. Marie Thérèse assure la permanence, elle est visiblement plus inquiète sur mon état de santé, que sur celui de sa collègue et amie : « Pierrot, détend toi, tu es blanc comme un linge ! » Elle me fait prendre un sucre, imbibé d'eau de mélisse.

Puis à 5 h 30, vient le moment de la délivrance, la petite Marie, 2kg 950 pousse son premier cri. La maman, se montre radieuse et le père soulagé. Surgit l'éternelle question, à qui correspond-t-elle le mieux physiquement, parmi ses aînés ? Je ne sais, si vous êtes comme moi concernant un nouveau-né, la seule réponse que l'on peut apporter : « elle ressemble à un bébé » ! Plus sérieusement se pose le problème du nom de famille. Marie Malet, ce n'est pas possible, Marie Fixin ce n'est pas souhaitable, finalement Marie Seigneur, au moins dans un premier temps, semble le plus raisonnable.

Je ne vais pas pouvoir profiter de mes deux femmes bien longtemps. Je reçois un message en provenance de Léa via Marie Thérèse : Retour sur Paris pour accueillir « Vidal », Mercredi 9 juin. Signé Rex. « Vidal » n'est autre que le général Delestraint, je me doute qu'un déplacement du chef de l'armée secrète, ne se fait pas sans un maximum de précautions. Nous sommes lundi, un retour demain au plus tard s'impose, je propose à Jacqueline de la ramener. Ma sœur, m'indique qu'elle rentrera par le train, pour profiter de sa nièce encore quelques jours.

La dépêche de Rex, manquant de précision, je me rends directement au bistrot de Léa. Ma mission consiste à coordonner, le rendez-vous que Vidal doit avoir avec Joseph Gastaldo* (*alias Garin**) et un agent d'Alain, Jean Jacques Terrier*. La liaison doit se faire du métro « La Muette » au métro « La Pompe ». Je demande à Léa l'hospitalité afin de pouvoir être opérationnel le lendemain.

Je ne connais pas « Vidal », j'ai juste une photo pour pouvoir l'identifier. Il est donc nécessaire de l'aborder en douceur, afin d'éviter tout mouvement de panique. Je me pointe à l'heure convenue, je le distingue, alors que je suis du mauvais côté de la rue.

Au moment où je traverse pour le rejoindre, une traction Citroën s'arrête à sa hauteur. Deux hommes en descendent, je me tiens naturellement en retrait. Après une brève conversation, « Vidal » monte visiblement sans contrainte dans le véhicule. Dans un premier temps, je ne suis pas forcément inquiet, les deux hommes n'ayant en rien l'allure d'agent de la Gestapo. Je pense plutôt à un changement de stratégie, sans en avoir été averti.

La seule disposition à prendre dans ce cas, est de prévenir « Alain » le plus rapidement possible. Deux possibilités, soit je me rends directement rue Vavin au secrétariat, soit je fais passer un message via nos boites à lettres. La première à l'avantage d'être plus rapide, avec l'inconvénient de me pointer dans un lieu tenu secret, sans avertir. Je choisi l'option « d'Autrevault ». Sur place, je suis accueilli plutôt fraîchement :

-   Vous vous pointez sans prévenir maintenant ?

-   Désolez mon commandant, mais je me retrouve dans une situation de possible « code rouge » *(urgence absolue)* !

J'explique la situation, d'Autrevault* me propose d'envoyer le message, je lui indique que je préfère le taper moi-même. Le commandant connaissant ma dextérité « au piano », ne s'y oppose pas. Une fois fait, après changement de fréquence, pour éviter « les repérages Gonio », il n'y a plus qu'à attendre le retour. La réponse arrive une heure plus tard : « Pas de changement prévu, essayer de vous procurer toutes informations concernant Vidal » signé Alain. Nous restons perplexes, d'Autrevault, n'a pas de solution :

-   Que comptez-vous faire ?

-   Pour « Vidal », il est trop tôt pour savoir où ils l'ont amené ! Reste à vérifier si « Garin » et Terrier se trouvaient au rendez-vous du métro « La Pompe » ?

Pour Terrier, de son vrai nom Jean Louis Théobald*, alias Taverny, étudiant en médecine de 20 ans, j'ai son adresse dans le 5e arrondissement. Je me rends, à son domicile situé dans une chambre de bonne sous les toits.

Je n'obtiens aucune réponse, la concierge ne m'éclaire pas plus. Elle l'a simplement croisé hier matin et n'a plus de nouvelle depuis.

De retour square Got, je communique l'information à « Alain », ce dernier nous indique que « Garin » son émissaire, ne donne plus signe de vie également. Encore plus inquiétant « Germain » venu accueillir « Alain » gare de Lyon, n'a plus de nouvelle de « Suzette » et pense que le secrétariat de la rue Vavin est grillé.

Tous les indices sont concordants, nous sommes victime d'un vaste coût de filet de la part des allemands. L'heure est grave, si des résistants chutent tous les jours, l'arrestation d'un « cerveau » comme « Vidal », met tous les réseaux en danger, avec le risque que l'ensemble de l'édifice, s'écroule comme un château de carte.

Rex est injoignable, Alain bloqué sur Paris, me demande de descendre à Lyon, pour prendre de nouvelles instructions. Je passe une dernière nuit chez Léa, avant de prendre le train. Le soir, je parviens à joindre Marie Thérèse à l'hôpital. La sortie de Mathilde et de la petite Marie est prévue, le lundi suivant. Jacqueline reste sur place en attendant.

Vendredi 11 juin, j'arrive en gare de Lyon-Perrache, je découvre pour la première fois la cité des gaules. Je suis réceptionné par « Grammont » *(Antoine de Graaff)*. Le signe de ralliement est toujours le même, le journal Signal.

- Bonjour Grammont, où allons-nous ?

- Bonjour Grenelle, je vous ai trouvé une chambre à « l'hôtel de Nice », un endroit discret pour passer quelques jours !

- La situation, a-t-elle évolué depuis 48 heures ?

- Pas vraiment ! Nous essayons de reconstituer « le puzzle », nous avons besoin de votre témoignage !

Nous arrivons à l'angle de la rue Sala et de la rue Victor Hugo. Nous pénétrons dans une agence d'architecture. Le local d'aspect cossu est élégamment meublé et lumineux. Une salle de réunion et le bureau du directeur sont réservés à Rex.

Grammont me fait remarquer que le va et vient du personnel et des clients de l'agence, garantissent la sécurité. Il me fait un résumé de la situation :

- Tout a commencé le 28 mai dernier à Macon. Henry Fresnay (Réseau Combat), devait tenir une réunion importante à l'hôtel de Bourgogne avec de Bénouville, Jacques Baumel* et Maurel* (chef départemental du NAP). Il s'est fait remplacer au dernier moment par Bertie Albrecht* sa

137

secrétaire. La gestapo était présente à l'heure du rendez-vous. Bertie a eu le temps de hurler, afin que les autres membres puissent s'enfuir. Depuis il semble qu'elle soit incarcérée à Fresnes, nous n'avons plus de nouvelles.

- Avez-vous une idée, de qui a pu balancer le lieu et l'heure de la réunion ?

- La boîte à lettres du 14 rue bouteille à Lyon, est grillée ! Nous pensons que la fuite vient de là ! D'autant qu'Henri Aubry* (*Alias Avricourt, Réseau Combat*), a eu l'imprudence de laisser des messages en clair à l'intérieur ! Il semble que pour « Vidal », nous soyons dans la même problématique !

- Qu'attendez-vous de moi ?

- Vous avez bien croisé deux hommes au Métro « La Muette », qui ont embarqué « Vidal » ! Sauriez-vous les reconnaître ?

- Oui …peut-être…je ne suis pas sûr !

Grammont, extrait d'un tiroir un certain nombre de photos. Je les compulse attentivement, sans résultat dans un premier temps. Puis il met le doigt sur une d'entre elle :

- Et celui-là vous le connaissez ?

- Non je ne vois pas, qui est-ce ?

- René Hardy* alias Didot, un inspecteur de la SNCF, rattaché au NAP et au réseau « Combat » !

- Il n'était pas présent sur les lieux, en tout cas !

Puis un visage, finit par attirer mon attention :

- Je reconnais, celui-là à coup sûr !

Grammont ne montre aucun signe d'étonnement. Il s'agit de Robert Auguste Moog* alias « Bobby ». Le type, est identifié comme l'agent de l'Ahbwer « K 30 », (*K comme Eugen Kramer, spécialiste du recrutement*). Né à Paris, âgé de 38 ans son pedigree impressionne. Il parle couramment allemand, de par ses origines alsaciennes.

Collaborateur de la première heure, il grimpe rapidement les échelons, pour devenir le bras droit de Klaus Barbie, le chef de la Gestapo sur Lyon.

Une autre photo, attire mon attention :

- Le deuxième homme pourrait être celui-ci !

- Vous êtes certain ?

- Non, pas vraiment, …mais il y'a peut-être une certaine ressemblance ! De qui s'agit-il ?

- Jean Multon*, alias « Lunel », Agent d'Assurance, 35 ans, il s'occupe du secrétariat de Maurice Chevance*, alias « Bertin », le chef régional des MUR ! Si votre information se révèle exacte, les conséquences pourraient être terribles ! « Lunel », connaît parfaitement le fonctionnement de l'organisation, aussi bien sur Marseille que sur Lyon !

Je me rends compte que je viens de soulever un lièvre. Néanmoins, difficile de jeter en pâture un homme, lorsque l'on a aucune certitude.

- Merci Grenelle, vos informations nous ont été très utiles ! Nous allons effectuer d'autres vérifications ! En attendant je vous amène à votre hôtel, je vous récupère demain matin !

- A quel moment, vais-je pouvoir rencontrer Rex ?

- Tout le monde cherche à rencontrer Rex ! Il est encore moins disponible en ce moment, compte tenu des circonstances !

Me voilà encore une fois seul. La force de l'habitude, me pèse d'autant plus que je pense à Mathilde et Marie, qui me manquent comme jamais.

Les week-end, n'existent pas pour les résistants, surtout dans ces circonstances bien particulières. Nous sommes samedi 12 juin, depuis hier Grammont, n'a pas perdu son temps.

De retour à « l'agence d'architecture », il me fait un topo détaillé de la situation : « Nous savons que René Hardy, se trouvait dans le même train à destination de Paris que le Général Delestraint le 7

139

juin ! Il avait rendez-vous avec Jean Guy Bernard* afin d'organiser « un sabotage fer » dans la zone nord ! Il a dû tomber par hasard sur Moog et Multon.

Ce dernier connaît parfaitement « Didot », toujours est-il qu'Hardy s'est fait « serrer » par la Feldgendarmerie, en gare de Chalons sur Saône ! *(Par la suite Hardy, prétendra qu'il a réussi à s'évader).* »

Au milieu de cet imbroglio, j'ai du mal à m'y retrouver :

- Vous pensez que « Didot » a pu être retourné ?

- Il fréquente depuis quelques mois, une certaine Lydie Bastien* ! Une créature sulfureuse, aux mœurs pour le moins dissolues ! Nous l'avons mis en garde plusieurs fois, cette fille, fricote aussi avec les allemands !

- Et pour Multon ?

- Si votre théorie se vérifie et que « Lunel » est vraiment, le deuxième homme de la station « La Muette », il ne faut pas aller chercher plus loin, pour l'arrestation de « Vidal » !

- Multon, fréquente aussi « des créatures » ?

- Je ne sais pas ! Toujours est-il qu'il a été arrêté le 27 avril dernier par la Gestapo de Marseille ! Il est libéré un peu rapidement à mon goût, sans avoir subi la moindre contrainte physique ! Depuis, plusieurs personnes, ont été incarcérées dans les Bouches du Rhône, comme Jean Salducci*, où Benjamin Crémieux*.

(Critique littéraire, écrivain, mort en déportation à Buchenwald à 55 ans, le 14 avril 1944.) ! Maurice Chevance a échappé de peu au même sort, avec l'aide d'un policier *(Marcel Koch)* ! Après nous pouvons tout imaginer ! *(Multon, sera intégré comme agent de la Gestapo, sous le numéro 165, à partir du 30 avril 1943)*.

- Et maintenant, comment préparons-nous la suite ?

- J'attends des instructions de « Max » ! En attendant je vous ramène à votre hôtel, d'où vous ne bougez pas sous aucun prétexte !

Si je veux bien comprendre les mesures de sécurité, me voilà cloîtré, comment pourvoir tuer le temps, sans déprimer ?

Mon logeur a reçu des consignes de sûreté, il me livre des plateaux repas, et uniquement la presse locale. Les journaux collaborationnistes, font leurs choux gras sur la capture « des terroristes ». La Gestapo et l'Abwer, poursuivent le démantèlement des réseaux de résistance. À Thiers, le général Gilliot*en est victime, puis le général Olleris* à Royat, enfin le général Grandsart* à Clermont Ferrand. Toutes ces arrestations, se déroulent sur deux jours les 11 et 12 juin.

Mardi 15 juin, j'ai la bonne surprise de recevoir la visite de Grammont. Il fait grise mine :

- Quelles sont les nouvelles ?

- Mauvaises ! Nous avons la confirmation que Suzette, s'est fait pincer hier à la sortie du métro Villiers, par la SS !

- Il y'a sans doute un rapport avec l'arrestation de « Vidal » ?

- Probablement ! Toujours est-il, que l'étau se resserre un peu plus chaque jours !

- Je suppose, que vous n'êtes pas passée uniquement pour me parler de « Suzette » ?

- Non je suis venu, pour vous changer de lieu, et pas uniquement par mesure de sécurité !

- Pourquoi tant de précipitation ? Est-ce lié à l'arrestation de Suzette ?

- Pas exactement ! Nous avons réussi à nous brancher sur la radio de la Kommandantur de Lyon, depuis quelques temps ! Les services de Klaus Barbie, sont à la recherche de deux personnes prioritairement !

- Max, je suppose ?

- Oui…et un certain Grenelle ! j'ai l'impression de prendre un coup de masse sur la tête.

- Comment peuvent-ils savoir ?

- Bonne question ! Mais avant d'apporter une réponse, nous avons décidé de vous déménager, dans une pension de famille !

- Pensez-vous que je serai plus à l'abri ? Ne serait-il pas plus sage que je rentre sur Paris où sur Reims ?

- Rien n'est moins sûr ! Regardez « Suzette », elle passait beaucoup de son temps sur Lyon, n'empêche qu'ils l'ont arrêtée à Paris !

- Et pour « Max », vous allez également le planquer dans une « pension de famille » ?

- Là, il s'agit d'un autre problème ! « Max » pense qu'il s'organise un coup tordu, pour succéder à « Vidal » à la tête de l'armée secrète ! Par conséquent, il va rassembler les principaux chefs des MUR, dans une réunion pour redéfinir les rôles de chacun ! Pour l'instant, il est le seul à connaître le lieu et le moment !

Grammont voit bien que je pâtis de la situation, dans une espèce de mise à l'écart, plus au moins subie. Il essaye de ma remonter le moral :

- Il ne faut pas voire tout en noir ! Nous avons de bonnes nouvelles en provenance d'Alger ! Le Comité français de libération nationale a été réorganisé ! Il se compose de 7 membres De Gaulle, Giraud, René Massigli, André Philippe, Jean Monnet, le général Georges et le général Catroux ! Le compromis trouvé entre De Gaulle et Giraud, permet de balayer le régime de Vichy ! De plus cette nouvelle cohésion, nous crédibilise vis-à-vis des alliés !

Nous arrivons à la hauteur du 29 rue Sala, non loin de l'église Saint François de Sales et de la place Bellecour :

- Mais nous nous trouvons, devant votre secrétariat vous pensez qu'il s'agisse d'une planque idéale, en plein centre de Lyon ?

- Vous savez, il est souvent plus facile de passer inaperçu, au milieu de la foule ! En plus, le bâtiment multifonction, comprend trois entrées, avec un jeu de terrasses permettant de passer d'un immeuble à l'autre ! C'est toujours bon à savoir, en cas d'investigation de la Gestapo !

Au 3e étage, une plaque porte l'indication « Société Durisol, bureau technique ». En fait, il s'agit d'un camouflage abritant la COPA *(Centre d'Opération des Parachutages et Atterrissages)*, du mouvement « France d'Abord ». Grammont, me présente les frères Georges et Marcel Cotton*, gérants des lieux.

- Je vais devoir vous laisser ! Désormais votre seule boite à lettres avec nous, se trouve à l'église Saint François de Sales ! Il s'agit de l'abbé Alexandre Glasberg* ! Passez, une fois par jour, pour prendre éventuellement de nouvelles directives...

Chapitre 15 : La souricière de Caluire.

Je suis logé dans une chambre de bonne, sous les toits du 29 rue Sala. Après une journée confinée, je respecte la consigne en allant à la rencontre du « père Alexandre ». Quoi de mieux, pour faire connaissance que le confessionnal ?

J'apprends, que Glasberg* 41ans, né en Ukraine, mais de nationalité polonaise, est à l'origine de confession juive. Arrivé en France en 1933, il se convertit au catholicisme et devient prêtre en 1938, après son séminaire à Moulins. Dès 1940, il se préoccupe du sort de la population étrangère incarcérée dans les camps. Il obtient le transfert de quelques centaines de prisonniers, internés dans des camps, vers des centres dont il est à l'origine. Ils sont au nombre de cinq à Chansaye dans le Rhône, Pont de Manne dans la Drôme, Vic sur Serre dans le Cantal, Lastic à Rosans dans les Hautes Alpes et Cazaubon dans le Gers. Début 1942, avec le père Chaillet* et une jeune étudiante du nom de Germaine Ribière*, il fonde le mouvement de résistance « L'Amitié Chrétienne ». Depuis, son activité se concentre, sur le sauvetage de juifs et de victimes du nazisme. Au début de l'été 42, il obtient le sauvetage de 108 enfants, détenus dans le camp de Vénissieux. Ninon Haig* sa secrétaire, depuis cette date, l'affuble du surnom : « Le jongleur de Notre Dame » !

Après cette confession, je me demande, si c'est à moi de lui donner l'absolution ?!? Toujours est-il, que pour l'instant, il n'a aucune nouvelle à me communiquer, de la part de « Max », de « Grammont » ou « d'Alain ».

Le reste de la semaine est du même acabit. Ma sortie quotidienne, se limite à relier le 29 de la rue Sala, au 11 rue Auguste Comte, pour obtenir toujours la même réponse : « aucun message ». J'apprends simplement, qu'une gerbe a été déposée à l'entrée du parc de la « Tête d'Or », en hommage à l'appel du 18 juin du général De Gaulle. J'ai l'impression d'être tombé aux oubliettes.

Le dimanche 20 juin est une journée comme les autres, sauf que j'ai droit d'assister à la messe. Personne ne vient jamais me voir sauf, pour me porter des plateaux repas. Il est 18 heures, j'entends frapper à la porte, heure inhabituelle pour venir me nourrir. Je prends mon MAS 35, caché sous mon oreiller, avant d'aller ouvrir. Je me retrouve nez à nez avec deux hommes :

« Comment vas-tu Grenelle ? » L'homme qui s'adresse ainsi à moi, n'est autre que le lieutenant d'aviation Bruno Larat*. Il fait partie du BCRA et nous avons eu l'occasion de boire quelques pintes de bière, lorsque nous étions ensemble sur Londres.

- J'ai connu des jours meilleurs ! Et toi « Xavier » (nom de code de Larat), la forme ?

- Je te présente le colonel Schwarfeld* alias « Claire » pressenti pour succéder à « Vidal » à la tête de l'armée secrète !

- Vraiment, les choses avancent ? À ma grande surprise et au mépris de toute prudence, « Claire » euphorique, se livre à des confidences.

- Oui, la réunion a été fixée demain à 14 heures à Caluire, chez le Docteur Dugoujon ! André Lassagne*, a organisé le rendez-vous, nous serons tous les trois présents, avec Lacaze, Aubry, Raymond Aubrac et « Max » naturellement !

- Que me vaut l'honneur de votre visite ? Larat intervient.

- Le Colonel dirige « France d'Abord » ! Quand j'ai appris que tu étais abrité dans l'immeuble, j'ai tenu à te rencontrer ! Nous allons fêter, nos retrouvailles, viens avec nous au restaurant !

Je ne suis pas convaincu, de l'opportunité de l'invitation, néanmoins, je ne me vois pas refuser. Il m'entraîne dans « un bouchon lyonnais » du nom de « Le Garet », au 7 de la rue du même nom. « Claire », croit bon d'ajouter : « Vous savez que Max, a ses habitudes ici ! » Globalement nous passons, une agréable soirée, sans problème particulier.

Lundi 21 juin, je suis comme un lion en cage dans ma petite chambre. Je n'arrête pas de penser à la réunion de Caluire. Puis arrive l'heure fatidique de 14 heures. N'y tenant, plus je décide de braver toutes les interdictions et de descendre de deux étages, pour rejoindre les bureaux de la Société Durisol. Henriette Gilles* et Raymond Fassin*, que j'ai eu l'occasion de croiser lors de mon arrivée, sont en grande discussion :

- Vous vous ennuyez tout seul là-haut, je suppose ?

- Oui, et puis c'est l'heure de la réunion ! Je me demande, comment va se présenter le nouveau casting ? Henriette intervient.

- Je doute qu'elle commence à l'heure ! Le colonel est parti à 13h45, soit depuis une demi-heure à peine et devait retrouver Max avant, au parc de la Tête d'Or ! Fassin rajoute

- Huit hommes, pour décider de l'avenir de l'armée secrète !

Je fais le compte dans ma tête, pour moi un est de trop :

- Comment ça huit, il devrait être sept, non ? Fassin complète.

- J'ai cru comprendre que René Hardy, doit venir renforcer Henry Aubry, à la suite d'une demande de de Bénouville, au dernier moment ! Fresnay, ne peut pas se déplacer, il est actuellement en Angleterre !

- Si je comprends bien, Hardy s'invite à une réunion pour laquelle, il n'est pas convié !

Le silence se fait parmi mes interlocuteurs. Je reprends la parole :

146

- Avez-vous les coordonnées du Docteur Dugoujon ? Henriette me tend un bottin, je finis par tomber sur son adresse : « Frédéric Dugoujon, médecin généraliste, place Castellane, 69 Caluire ».

- Que comptez-vous faire ?

- Y aller ! J'ai des raisons de croire, que la présence de René Hardy va poser problème !

- Vous êtes sûr ? Max risque de ne pas apprécier !

- Je ne suis pas certain, qu'il apprécie beaucoup plus la présence d'Hardy ! Comment puis-je m'y rendre le plus rapidement possible ? Henriette me répond.

- Par « la ficelle », je pense que c'est le plus simple !

- « La ficelle ? »

- Oui, il s'agit du funiculaire de Fourvière !

Machinalement, je regarde ma montre, elle indique 14h45, il est peut-être encore temps d'intervenir. J'ai beau me dépêcher, je mets près d'une heure et demi, pour me rendre sur le lieu. La place Castellane, baigne sous un soleil resplendissant, seul le chant des oiseaux, trouble la quiétude de l'instant.

Je pousse la porte d'entrée et pénètre facilement dans la maison ? sur la gauche la salle d'attente est entièrement vide. Je finis par appeler :

- Il y a quelqu'un ? une voix apeurée et chevrotante me répond.

- Laissez-moi ! Une petite dame toute tremblante s'approche.

- Que s'est-il passé !

- Trois voitures de la Gestapo sont arrivées devant la maison, il devait-être aux environs de 3 heures ! Ils ont fait irruption dans la salle d'attente et dans l'étage, ont interrogé tout le monde, avant de les menotter, puis d'embarquer le Docteur Dugoujon avec plusieurs personnes !

- Combien de personnes au total ?

- Je ne sais pas, une seule a réussi à s'échapper !

- Essayer de me décrire cette personne !

- Jeune, mince, de taille moyenne... à oui j'ai remarqué qu'il était le seul blond du lot ! la description, pourrait correspondre à celle de René Hardy.

- Puis que s'est-il passé ?

- Ils ont ouvert le feu, trois ...ou quatre fois... je ne sais plus ! Je n'ai pas l'impression, qu'ils ont réussi à l'atteindre ! Je me suis même dit en moi-même, ils ne sont pas très adroits !

- Avez-vous d'autres détails ?

- Le jeune homme qui s'est échappé, était le seul à ne pas porter de menottes ! Juste des liens, pour lui attacher les mains !

Je vais arrêter de harceler cette pauvre femme, je ne pense pas qu'elle puisse m'en dire plus. Ma priorité désormais, consiste à rejoindre « Durisol » afin de prévenir du coup de filet. Le temps de reprendre « la ficelle », j'arrive à 18 h30 passées, les bureaux sont fermés. Je réfléchis un instant, il me faut absolument trouver un contact. Ce n'est pas le restaurant d'à côté, qui m'apporte mes plateaux repas qui va pouvoir m'éclairer.

Par prudence, « Grammont » ne m'a laissé aucune adresse, je ne vois que le père Alexandre pour trouver une solution. Je me pointe à la paroisse, pour lui faire un résumé de la situation. Il m'indique « que sa boîte à lettres » ne fonctionne qu'une fois par jour. Un « paroissien », passe tous les matins entre 8h30 et 9h00 et l'échange se fait dans le confessionnal. Le reste du temps, il n'a aucune relation avec l'extérieur.

Me voilà bien avancé, je rejoins ma chambre au moment où un garçon m'apporte mon repas. La nourriture a du mal à passer et j'ai encore plus de mal à trouver le sommeil.

Je finis par m'endormir vers 3 heures du matin. Le lendemain à 8 heures, des mouvements et des bruits inhabituels dans la rue, me réveillent.

En passant la tête par le vasistas, je distingue un camion de l'armée, d'où sortent des militaires en armes. Ils investissent le bâtiment *(historique)*. Je m'habille en quatrième vitesse et choisis de disparaître, par l'escalier de service. Je n'ai descendu qu'un étage, lorsque j'entends des bruits de bottes se rapprocher. Je n'ai plus qu'une solution pour m'échapper, ouvrir la fenêtre placée à ma droite et sauter sur la terrasse de l'immeuble d'à côté. Je dois être à 12 mètres au-dessus du vide, ce n'est pas le moment de réfléchir.

La réception est particulièrement lourde et je me rappe la main gauche, sur la bordure du balcon en béton. Le rebord plein, fait d'une seule pièce, a l'avantage de me masquer à la vue, lorsque je suis allongé. J'entends des paroles en allemand, je suppose qu'un des soldats, scrute à la fenêtre. Puis, je perçois le bruit d'une poignée que l'on verrouille. J'attends de longues minutes prostré, sans bouger, jusqu'à ce que le silence se fasse. Quelques éclats de voix résonnent encore, avec des bruits de moteurs démarrant, puis plus rien.

Il n'est pas question de retourner dans ma chambre, ni même de passer par les bureaux de « Durisol », ma seule alternative, reste l'église Saint François de Sales. Le père Alexandre, semble s'inquiéter :

- S'était pour vous, tout ce remue ménage ?

- Pas seulement, les allemands ont envahi les locaux de la COPA !

- Pensez-vous qu'il y'ait un lien, avec l'arrestation d'hier à Caluire ?

- Sans aucun doute ! Surtout s'ils détiennent Emile Schwarfeld, ils ont forcément fait le rapprochement !

- Mais, vous-êtes blessé à la main ? effectivement elle commence à enfler.

- Je ne pense que cela soit trop grave !

- Venez, je vais quand même vous désinfecter la plaie !

Sur ce, Henriette Gilles* arrive tout essoufflée :

- Je pensais, que les allemands vous avaient également arrêté ?

- Non, il était moins cinq, j'ai réussi à me sauver par un balcon de l'immeuble d'à côté !

- Les soldats, ont perquisitionné dans l'appartement de Raymond et Geneviève Fassin* ! Heureusement, ils étaient absents ! (*Raymond, sera finalement arrêté à Paris le 2 avril 44. Il décède en déportation au camp de Neuengamme, le 12 février 1945.*) Puis, ils ont mis à sac les bureaux du COPA, avant d'embarquer Jean Marie Gilles* (*Déporté, il décède le 23 janvier 1945 à Elbrich*) ! Des membres de la Gestapo en civil, hurlaient : « Qui est Grenelle ! » de mon côté, j'essaye de garder la tête froide.

- Avez-vous les moyens de prévenir le BCRA à Londres ?

- Oui, je m'en occupe dès demain ! Je vais également sécuriser les archives du COPA, que j'ai pu récupérer ! Et vous que comptez faire, maintenant ? le père Alexandre reprend la parole.

- Pour cette nuit le capitaine, va coucher au presbytère et ensuite nous aviserons !

Une fois Henriette partie, le père Alexandre se livre à quelques confidences :

- Vous savez, j'ai repensé à quelque chose, concernant René Hardy, suite à notre conversation d'hier !

- Ah oui, dites-moi !

- Le 12 juin dernier, Max Heilbronn* (*créateur de l'enseigne Monoprix à Rouen en 1932*), s'est fait arrêter par la Gestapo !

- Bon et quel est le rapport ?

- Heilbronn, a conçu un projet de sabotage du réseau français sans explosif ! Hardy est responsable du NAP-Fer en zone sud et Heilbronn, travaillait directement sous ses ordres... !

- Évidemment, ça commence à faire beaucoup de coïncidences... !

Mercredi 23 juin, j'ai dormi profondément, le contre coup de la nuit précédente sans doute. L'odeur du café du presbytère me réveille. Le père Alexandre m'attend dans la cuisine :

- Bonjour mon fils ! Avez-vous eu le temps de réfléchir ?

- Non pas vraiment mon Père ! De toute façon, je n'ai pas beaucoup d'options ! La Gestapo me traque, je vais essayer de rentrer sur Paris ! Je ne serai pas plus en sécurité, mais au moins, je pourrai attendre les ordres !

- Très bien, je vais m'occuper de votre billet ! Vous pouvez passer la journée au presbytère, personne ne devrait venir vous chercher ici !

De nouveau seul, je peux refaire le point dans ma petite tête. Les allemands recherchent « Grenelle », néanmoins je n'ai pas entendu le moindre rapprochement, entre mon patronyme et mes noms usuels, que ce soit celui de Malet ou de Fixin. J'ai laissé dans ma chambre, les maigres affaires que j'avais emportées lors de mon voyage. Je me retrouve avec pour seul vêtement, ce que je porte sur le dos. Côté papier, je vérifie, j'ai eu la présence d'esprit de ne rien laisser sur place, qui puisse m'identifier. Pour le reste, ma main est toujours gonflée et douloureuse.

Jeudi 24 juin, me voilà fin prêt pour mon retour dans la capitale. Je remercie cordialement le père Alexandre qui me répond par un « Que dieu vous garde mon fils ! »

Par mesure de précaution, je décide de parcourir à pied, les trois kilomètres me séparant de la rue Auguste Comte à la gare de Lyon Perrache. Je prie pour « que les voix du seigneur, m'accompagnent sur la voie ferrée ! »

Dieu a dû m'entendre, le voyage se passe sans encombre. Gare de Lyon, je décide d'utiliser encore mes jambes, pour parcourir les trois autres kilomètres, me séparant de l'avenue du Bel Air, afin de retrouver le bistrot de Léa.

J'arrive au moment de la fermeture. « Léa la fouine », me regarde d'un drôle d'air, je dois être sale et négligé.

- Je viens d'apprendre pour « Max » ! Et vous, où en êtes-vous ?

- J'ai la Gestapo au cul ! Il recherche « Grenelle » ! Je dois en référer au BCRA !

- Très bien, vous avez déjà fait « connaissance avec le lit de camp » ! Ce n'est pas la peine que je vous présente !

Le lendemain, j'arrive à joindre Jacqueline à l'hôpital, afin qu'elle me fasse parvenir quelques affaires, pour que je puisse enfin me changer. De son côté, Léa signale ma présence à d'Autrevault, qui doit envoyer un message à Londres.

Samedi 26 juin, ma sœur arrive au bistrot en fin de matinée, avec une petite valise pleine de vêtements de chez les parents. Instinctivement elle regarde ma main :

- Que-ce que tu t'es fait !

- Rien, j'ai loupé une cascade !

Elle commence à me tripoter les doigts, sans véritablement hurler, je me plains fortement en me tortillant.

- C'est peut-être une fracture ! Il faudrait que l'on puisse te faire une radio !

152

- Impossible pour l'instant ! les boches sont sur mon dos, je dois me montrer un minimum ! As-tu des nouvelles de Mathilde ?

- Oui bien sûr ! La petite Marie est magnifique ! Elle n'attend que son papa !

- Ce n'est pas la peine d'en rajouter ! Si tu crois que cette situation m'amuse ... !

- Comment comptes-tu t'en sortir ?

- J'attends une réponse du BCRA, il est probable que je rentre à Londres prochainement ! cette fois Jacqueline me tombe dans les bras, les yeux mouillés.

- Ça ne finira donc jamais !

- Je te tiens au courant ! Essaye de faire venir Mathilde et la petite sur Paris, avant mon départ !

La réponse tombe en fin de journée : « départ par avion, à l'endroit habituel à la prochaine lune ». Machinalement, je regarde un calendrier, je m'aperçois que le date correspond au mardi 13 juillet. En deux semaines, il peut se passer beaucoup de choses, d'ici là, il va falloir tenir...

Chapitre 16 : London comeback.

En réfléchissant, je me dis que je ne suis pas plus en sécurité sur Paris qu'à Colombes où au moins je pourrai bénéficier d'un vrai lit. Je suppose également, que Léa ne souhaite pas me garder trop longtemps, bien qu'elle reste discrète sur le sujet.

- Vous comptez prévenir le commandant d'Autrevault, de votre déménagement, chez vos parents ?

- Non c'est inutile ! Personne ne me confiera de mission avant mon départ ! Si je ne suis pas pris d'ici là... !

J'ai décidé d'éviter les transports en communs et convaincu mon père de venir me chercher en voiture, pour un retour mardi prochain. Une fois rentrée, le soir chez mes parents, Jacqueline se précipite sur ma main : « Cette fois je t'amène à l'hôpital, il n'y a aucune amélioration ! » Nous avons le choix, entre braver le couvre-feu, ou prendre un risque en plein jour. Finalement nous choisissons la première option.

La radio confirme la fracture d'un métacarpe, je reçois un système d'atèle pour consolider le tout. Pendant qu'un interne s'occupe de ma main, j'ai droit en prime à une sérénade de ma sœur : « Pierre tu es inconscient, sans soin tu risquais de l'arthrose ! » Avec Jacqueline, j'ai l'impression d'avoir toujours 5 ans.

Samedi 10 juillet l'actualité, passerait presque au second plan avec l'arrivée de Mathilde et Marie au pavillon de Colombes. Les grands parents, découvrant pour la première fois leur petite fille âgée d'un mois, sont aux anges. Jacqueline, trouve que sa nièce a déjà beaucoup changé et qu'elle est de plus en plus éveillée. De mon côté, retrouver « ma Mathoche » me met du baume au cœur.

Pour en revenir à l'actualité, les alliés pour la première fois mettent les pieds en Europe. La Sicile et la ville de Syracuse sont le théâtre d'une opération, qui a failli tournée au désastre à cause d'un orage, parfaitement inhabituel en cette saison. La Méditerranée complètement démontée, empêche des milliers d'hommes agrippés dans des barges de débarquement d'approcher des plages siciliennes. Soudain le vent tombe l'opération « Husky », peut se dérouler suivant le plan établi.

Avec une heure de retard, 150 000 soldats anglais et américains, aiment « à voir ou revoir Syracuse », 320 000 doivent bientôt les rejoindre. Les défenseurs italiens, sont pris de cours, pensant que compte tenu des conditions météorologiques, la tempête empêcherait tout débarquement.

Les services secrets alliés, ont également joué un rôle, en abandonnant un cadavre porteur de faux documents, destiné à convaincre les forces de l'Axe, d'une approche par la Sardaigne.

En revanche, l'opération aéroportée, compte quelques déboires. Sur les 137 planeurs britanniques engagés, 69 tombent à la mer, noyant au passage quelques 200 hommes. Côté américain, la mission de nuit tourne plus au moins au fiasco. Avec des pilotes inexpérimentés et des navigateurs mal préparés, les 2781 parachutistes sont éparpillés dans une zone de 80 km. Les alliés profitent néanmoins de ce chaos, l'ennemi voyant tous ces paras tomber du ciel, pense à une invasion beaucoup plus importante qu'en réalité.

Une certaine rivalité oppose les troupes de Montgomery qui arrivent les premières à Messine, permettant une progression vers le nord pour atteindre l'Est de l'Etna à celles de Georges Patton, qui doivent se contenter d'avancer vers l'Ouest et Palerme.

La vie de famille n'est que de courte durée, nous voilà déjà au mardi 13. Jacqueline et Mathilde ont tenu à m'accompagner jusqu'à la gare d'Argenteuil d'où je dois prendre le train pour Gisors. J'ai toujours eu horreur des adieux, surtout dans de telles circonstances. La petite Marie, sent-elle les choses ? Toujours est-il qu'elle pleure sur le quai, dans les bras de sa maman.

Comme un réflexe, je me souviens de mes dernières paroles, le 11 novembre lors de mon premier départ : « Je reviendrai ! » Je répète les deux mots aux filles, dans une sorte de talisman. Jacqueline et Mathilde s'enlacent, avec Marie au milieu des sanglots.

Me voilà parti, le rituel est toujours le même une fois en gare de Gisors, je rejoins l'hôpital pour retrouver le docteur Morel. Compte tenu du coucher du soleil à 21 h 55, le départ par avion de Tierceville devrait s'effectuer vers minuit. Pendant que le praticien a largement de quoi s'occuper, de mon côté, je dois prendre mon mal en patience inconfortablement installé sur une chaise. Il est 10 heures passées, lorsque nous retrouvons « Maria la louve » à sa cabane :

-   Salut Pierre, quoi de neuf ? Morel déjà s'éclipse.

-   Je suis père de famille ! Marie marque son étonnement.

-   Ah bon, tu parles d'une surprise !

-   Pour moi aussi !

Je reviens sur l'ensemble de mon parcours, depuis mon arrivée le 28 février dernier. Voyant mon atèle à la main Marie s'exclame :

-   Décidément, les sauts ne te réussissent pas que ce soit, avec ou sans parachute ! (*Voir « Nom de code Grenelle ! »*)

Nous devons bientôt interrompre notre conversation, le bruit d'un moteur se fait entendre. « La louve » ceint sa mitraillette en bandoulière, et sort sans tarder munie d'une lampe. Suivant le code établi, par les signaux lumineux le « Lysander » s'aligne pour se poser. Après un court demi-tour, il se met face au vent pour repartir. Nos adieux son brefs, nos lèvres ont toutefois le temps de se rejoindre avant que je ne lui dise : « J'ai oublié de te dire, ma fille, s'appelle Marie » !

Le décollage du terrain de Tierceville, se montre toujours aussi chaotique, par l'aspérité du sol. Une fois en vol, le pilote pense qu'il parle un français correct et se lance dans une conversation sans queux ni tête. Je finis par le reprendre en anglais. Au milieu du charabia, couvert plus ou moins par le bruit du moteur, les une heure quinze de vol, passent finalement très vite. Northolt, baigne sous un crachin à notre arrivée. La Riley du QG m'attend, le chauffeur s'inquiète de mon état de santé :

- J'espère que vous êtes en forme mon capitaine ?

- Un petit souci avec ma main gauche, pour le reste tout va bien !

- Très bien, le colonel Passy, vous attend demain à la première heure à son bureau !

Il me dépose au 8 Duke Street, pour me loger. Machinalement, je regarde ma montre, il est une heure du matin, heure locale. Cela me laisse un peu de temps pour dormir, je n'aurai qu'à traverser la rue demain, pour rejoindre le bureaus du BCRA.

Mercredi 14 juillet, 9 heures 30, j'ai droit « à une fête nationale » dans le bureau de Passy :

- Asseyez-vous Grenelle ! D'abord ici, vous n'êtes plus en France ! Nous commençons nos journée à 8 h 30 ! Ensuite c'est la dernière fois que vous vous présentez à moi, comme un clochard !

- Mais mon colonel, je suis arrivé dans la nuit, je n'ai pas eu le temps de récupérer ni mes papiers, ni mes uniformes… !

- Basta ! Point plus important, je veux que vous me fournissiez un rapport détaillé sur l'arrestation de « Jean Moulin » pour lundi au plus tard ! Ce sera tout pour aujourd'hui, rompez ! je le fixe d'un regard incrédule.

- De qui me parlez-vous ? il marque un moment de stupeur, avant de bredouiller.

- Oui Rex, s'appelle en réalité Jean Moulin, il était préfet avant- guerre ! ainsi je découvre pour la première l'identité de la personne, restant jusqu'à présent pour moi un mystère.

En sortant, je tombe naturellement sur Jacqueline Girard.

- Dis-donc, « le boss » est remonté comme une pendule, ce matin ! elle me sourit.

- Oui, il est à cran ! Nous avons eu une information hier ! Rex, serait décédé à Metz, le 8 juillet dernier, dans un train en partance pour l'Allemagne ! (À *la suite de son arrestation, Jean Moulin est interné à la prison de Montluc. Après avoir été torturé par Klaus Barbie, il est transféré huit jours plus tard sur Paris avenue Foch, puis sur Neuilly sur Seine, pour être interrogé par Karl Bômelburg, chef de la Gestapo. Très affaibli, il semble qu'auparavant, il se soit tapé la tête contre les murs et jeté d'un escalier pour ne pas parler.)* je marque le coup, en me laissant tomber sur une chaise.

- Ce n'est pas possible ! J'ai du mal à le croire !

- De plus, le général de Gaulle a des soucis à Alger, avec les américains !

Jacqueline, entre alors dans une longue explication. Roosevelt, apprécie très modérément le leadership du « Général », avec la suprématie du CFLN, sur la hiérarchie militaire. Le Président américain et ce n'est pas nouveau, veut éliminer le leader de la France Libre, de la scène politique. Sauf que cette fois le général Giraud, sa carte principale s'affaiblit. Bref, un bras de fer s'établit entre De Gaulle et Eisenhower, le « Général » refuse le diktat américain.

- Et d'après toi, comment tout cela peut finir ?

- Jean Monnet essaye de raccommoder les morceaux ! De notre côté, nous avons ordre de ne plus fournir de renseignements aux américains, pour l'instant ! (*Historique.*)

- À propos, je vais avoir besoin de toi, pour taper mon rapport, avec une main valide, je ne vais pas pouvoir y arriver !

- Quand veux-tu commencer ?

- Pour le moment ma priorité, est de passer chez le coiffeur et de retrouver mes uniformes !

Je m'exécute dans l'après-midi. Le coiffeur fait aussi le barbier, je peux retrouver mon aspect originel, avec une coupe « incorpo » et finir imberbe.

De quoi satisfaire « Passy », en quelque sorte. De retour au 10 Duke Street, je passe par l'habillement, ma vareuse porte bien des galons de capitaine, c'est bien la première fois que j'ai l'occasion de les porter, depuis ma nomination en février dernier.

Jeudi 15 juillet, Jacqueline Girard, malgré toute sa bonne volonté, a du mal à me consacrer un peu de temps :

- Écoute Pierre, je sais que tu dois remettre ton rapport lundi matin ! Je te propose de le taper samedi, nous serons plus tranquilles ! En attendant tu devrais te rendre à l'hôpital pour ta main !

- D'accord ! Pour avancer, je vais coucher les grandes lignes sur papier, ma main droite est toujours valide !

Le lendemain, sur les conseils de l'infirmière du BCRA, je me rends à l'hôpital militaire d'Hammersmith, spécialisé en orthopédie et se situant dans le quartier de White City. J'ai presque honte, de me retrouver au milieu de grands traumatisés, méritant beaucoup plus d'attention que ma petite personne. Après une longue attente, un médecin finit par s'occuper de moi :

- Depuis combien de temps, traînez-vous cette fracture ?

- Trois semaines à peu près ! Mais je n'ai pu la faire soigner, que la semaine dernière !

- Le gars, qui s'est occupé de vous, a plutôt fait un bon boulot !
  Après ce n'est jamais bon d'attendre ! Je vais repositionner
  l'atèle et vous faire quelques soins complémentaires !

- Dans combien de temps, vais-je pouvoir récupérer l'usage de
  ma main ?

- Repassez dans deux semaines, tout devrait être consolidé !

Samedi 17 juillet, les bureaux du BCRA sont presque vides.
Dewavrin, pour une fois s'est accordé un week-end de détente. Je me
retrouve seul au secrétariat avec Jacqueline Girard :

- Tu sais Pierre, toutes les filles trouvent que tu as plus de
  charme, cheveux courts et sans barbe !

- Tu ne serais pas en train, de draguer un père de famille, des
  fois ? J'enchaîne en racontant mon aventure, et sors la seule
  photo que j'ai de la petite Marie avec sa maman.

- De notre côté, nous avons prévu de nous marier, l'an
  prochain avec Jeannot (*Jean Martin*) !

- Je suppose, que tu ne prendras pas Bob Moore comme
  témoin ? Jacqueline s'esclaffe.

- Ah non ! Je ne sais même pas ce qu'il est devenu celui-là !

Tout en papotant, nous faisons sérieusement mon rapport, qui frise
bientôt les dix pages, sur l'arrestation de Moulin. Soudain,
Jacqueline s'arrête de taper :

- Pierre, tu ne veux pas que j'écrive cette phrase tout de
  même ?

- Pourquoi ? J'essaye de faire ce rapport, avec le plus
  d'objectivité possible !

- Je ne suis pas persuadée, que le colonel va apprécier !

- Bon, je verrai bien ! Nous serons fixés lundi !

Lundi 19 juillet, je retrouve les joies du briefing du lundi matin. Comme de coutume tous les officiers du BCRA présents, sont conviés pour faire le point de la semaine écoulée et sur les directives à appliquer pour la semaine à venir.

Le principal sujet du jour, concerne l'opération « Citadelle » mise en œuvre par Hitler. Son plan, consiste à fermer le saillant de Koursk entre Orel et Kharkov, pour prendre en tenaille l'armée russe et effacer ainsi l'humiliation de Stalingrad.

L'état-major allemand, rassemble 900 000 hommes, 2 700 chars et canons d'assaut, ainsi que 1800 avions, avec pour inconvénient de dégarnir le reste du front de l'Est, de deux tiers de ses unités mécanisées.

La plus grande bataille de chars de l'histoire, s'engage le 5 juillet, avec d'un côté les nouveaux Panther équipés d'un canon de 75mm, des canons d'assaut Ferdinand, montés sur des châssis de chars Tigre, et de l'autre les redoutables et très mobiles T34 soviétiques.

Les russes, sont parfaitement au courant de la stratégie allemande, grâce à leur réseau de contre-espionnage « Lucy ». De sorte que les soviétiques ont mis en place un formidable barrage d'artillerie. L'offensive de la Wehrmacht, se fait sous un déluge de feu. Le premier jour les troupes allemandes ne progressent que de 30 km depuis leur point de départ.

Le 14 juillet, soit 9 jours plus tard la défaite allemande est consommée. La plaine, entourant le village de Prokhorova au sud de Koursk, regorge d'épaves fumantes, de débris en tous genres, canons, carcasses d'avions, et restes de chars. Les allemands ont beau prétendre avoir porté, autant de coups à l'ennemi, qu'ils n'en ont reçus, la vérité est tout autre, le Reich vient de perdre sa dernière occasion, de remporter la guerre sur le front de l'Est.

Deuxième sujet la Sicile, depuis le débarquement, les troupes américaines et britanniques ont fait la jonction à Raguse. Les alliés occupent également le port d'Augusta et prennent l'aéroport de Biscari.

Enfin une course folle s'engage entre le général Georges Patton et sa 7e armée américaine, pour prendre de vitesse la 8e armée britannique de « Monty » Montgomery, dans la conquête de Messine.

Une fois le briefing terminé, Jacqueline Girard, m'indique qu'elle a communiqué mon rapport à Passy et me demande de rester dans les parages, car sa réaction ne devrait pas tarder. Effectivement, il ne s'écoule pas plus de dix minutes, lorsque...

- Malet ! Dans mon bureau immédiatement ! Le fait qui m'appelle « Malet » sur un ton belliqueux, laisse envisager un courroux à suivre, particulièrement violent.

- Je viens de lire votre rapport ! Vous vous foutez de moi... ?

- Je ne comprends pas votre réaction mon Colonel ?

- Vous voulez que je transmettre un rapport au général De Gaulle, dans lequel vous mettez Pierre de Bénouville en responsabilité de la mort de Moulin, de manière à peine voilée !

- Je ne rapporte que des éléments concrets, mon Colonel !

- Non, vous êtes dans la rumeur et les suppositions !

- Toute l'affaire de Caluire, tourne autour de René Hardy ! Pour mémoire, je rappelle qu'il a menti, lorsqu'il dit avoir sauté du train en gare de Chalon, le 7 juin dernier, pour échapper aux allemands ! Nous avons la preuve, qu'il a été arrêté et libéré 48 heures plus tard, sans avoir subi le moindre sévices de la part de la Gestapo ! Dans la foulée les 11 et 12 juin un grand nombre de résistants sont tombés dans les griffes des allemands ! Je ne veux pas croire, qu'Hardy, ne soit pour rien dans l'arrestation d'Heilbronn* qui était son subordonné ! Lorsque Moulin, convoque Henri Aubry à Caluire, c'est en l'absence d'Henri Fresnay retenu à Londres ! Il n'y a pas besoin d'un deuxième représentant du réseau « Combat » ! Dans ces conditions, pourquoi Pierre de Bénouville envoie Hardy à la réunion, sans en avertir Rex, alors qu'il a forcément des doutes sur sa probité ?

- Votre démonstration, ne repose que sur un faisceau d'indices ! vous n'apportez aucune preuve !

- Écoutez, mon colonel, sauf votre respect, vous m'avez demandé un rapport détaillé sur l'affaire « Moulin » ! Je l'ai fait en toute objectivité, avec les éléments dont je disposais ! Après l'utilisation que vous en faites, ne dépend pas de moi ! Je ne vous demanderai qu'une seule chose, ne pas y apposer ma signature, si vous devez le modifier !

Dewavrin ébranlé, semble soudain envahi par le doute. Son timbre de voix, se radoucit d'un coup :

- Très bien ! Je vais réfléchir à la question ! Vous pouvez me laisser maintenant Capitaine !

En sortant de son bureau, Jacqueline Girard, qui a dû pouvoir suivre l'essentiel de notre conversation m'interpelle :

- Je t'avais dit, que le contenu du rapport n'allait pas lui plaire !

- Écoute je pense que j'ai fait le job ! l'Histoire, jugera sans doute sur pièce, plus tard… !

Chapitre 17 : En attendant le jour J.

La mort de Jean Moulin, demande naturellement une réorganisation du Comité National de la Résistance. Pierre Brossolette, semble le plus compétent pour reprendre le flambeau. Néanmoins jugé trop individualiste, par le général De Gaulle entre autres, il est finalement écarté. Claude Bouchinet-Serreulles*, assure la présidence du CNR par intérim, pendant que Pierre Lambert*, s'occupe du secrétariat en zone Sud et Daniel Cordier en zone Nord.

Les succès militaires alliés en Sicile, ont des conséquences sur la gouvernance italienne. Quelques proches de Mussolini se retournent contre le Duce. Au cours d'un Grand Conseil Fasciste, le retour d'une monarchie constitutionnelle, est adopté par 19 voix contre sept et une abstention. « Benito », semble mépriser le résultat d'un Grand Conseil, qui jusqu'à présent se contentait d'entériner les décisions du dictateur. Les « rebelles fascistes » conduits par Dino Grandi*, reçoivent le soutien de Giuseppe Bottai* et du comte Galeazzo Ciano, le propre gendre du Duce. Dans son aveuglement, Mussolini ne se rend pas compte que les conjurés se sont assurés l'appui du roi Victor-Emmanuel, du prince héritier Umberto, ainsi que du principal chef militaire le maréchal Badoglio*.

De son côté, Adolf Hitler sent le danger d'un possible retournement italien. Il contacte le Duce pendant cinq heures, pour le convaincre de reprendre l'initiative, en vain. Le dictateur, semble avoir perdu la flamme de l'énergie du fanatisme. Le Führer, durant son voyage éclair apprend que l'armée italienne, est au bord de l'effondrement.

Le 19 juillet, pour la première fois, Rome est la cible des bombardiers américains B 17 et B 24. 500 tonnes de bombes explosives, sont déversées sur « la ville éternelle », provocant un vent de panique dans la population. Des milliers de gens fuient la capitale italienne. Le pape Pie XII monte au créneau. Bien que le Vatican soit neutre, l'état offre l'hospitalité aux Romains. Sa Sainteté, lance un appel : « Il ne faut pas détruire Rome ! Je suis impartial, je n'ai pas l'intention d'accroître la haine qui règne entre les belligérants. Cependant Rome reste unique, les deux camps devraient s'en souvenir ! »

Le 25 juillet, Mussolini n'est plus rien. À cinq heures de l'après-midi, le roi Victor-Emmanuel le reçoit au Quirinal. Le souverain, enlève son masque. Il n'a jamais été fasciste, la conversation dure à peine vingt minutes : « En ce moment, vous êtes l'homme le plus haï d'Italie ! » Le Duce, est congédié comme un domestique, mais le roi lui dit avec beaucoup d'ambiguïté : « Je réponds sur ma tête, personnellement de votre sécurité ! »

À la fin de l'entretien, le Duce ne peut reprendre sa voiture. Il est conduit en ambulance, à la caserne de police Quintino Sella, pour être maintenu sous bonne garde. Le roi a désormais la main, il prend le commandement de l'armée et nomme au poste de Premier ministre, Pietro Badoglio. Peu connu à l'étranger, le maréchal, n'en est pas moins détesté par Hitler, au point que le führer a proposé d'envoyer un commando pour le tuer. Les défaites consécutives en Afrique de l'Est, en Albanie, en Grèce, en Egypte, en Libye et en Tunisie, ont fini par avoir raison de « Benito le Conquérant ». Aujourd'hui, deux questions lancinantes se posent : Quelle pourra être la réaction d'Hitler, face à la défection de l'Italie ? Et que feront les Alliés ?

Lundi 26 juillet, après le traditionnel briefing, Dewavrin me convoque une nouvelle fois dans son bureau. La rencontre cette fois, se veut plus amicale :

- Le débarquement principal allié, pour faire suite à celui de la Sicile est remis à 1944 !

- À quel moment ?

- Probablement en mai ou en juin ! Les préparatifs commencent, le COSSAC *(Chief of Staff to Supreme Allied Commander)*, voudrait vous rencontrer !

- Pourquoi moi ?

- Vous étiez bien notre observateur dans l'opération « Jubilée », en août 42 sur Dieppe *(Voir Nom de Code Grenelle)* !

- Oui, j'ai d'ailleurs remis un rapport à l'époque au BCRA !

J'espère que Passy, ne va pas encore contester mon compte rendu.

- Effectivement, nous l'avons d'ailleurs transmis en son temps à nos Alliés ! Je suppose qu'aujourd'hui, ils ont besoin de précisions !

- Je croyais, que nous ne fournissions plus de renseignements ? Le colonel sourit.

- C'est bien pour ça, que ce sont les anglais qui s'adressent à nous et pas les américains ! Concrètement vous avez rendez- vous jeudi prochain au SIS à 10 heures !

Le lendemain, la Gestapo continue son coup de filet dans la zone sud de la France. Les allemands arrêtent les principaux responsables de « Libération Sud » dans la Drôme, ainsi que ceux de « Franc-Tireur » à Valence. Un commando du BCRA réplique en faisant sauter le barrage de Gigny sur la Saône, à l'aide de mines sous-marines. Les nazis, n'ont plus de voies navigables en direction de l'Italie.

Les FTP-MOI de Manouchian, font encore parler d'eux sur Paris. Pour le seul mois de juillet, le groupe revendique une dizaine d'attentats supplémentaires.

Le 2, un autobus rempli d'Allemands, en plein Clichy, une maison réquisitionnée le 9 à Noisy le Sec, deux casernes, une sur Paris, l'autre sur Choisy le Roi, le 8 et le 10, puis ils s'attaquent à un train de permissionnaires dans la nuit du 10 au 11, sans oublier un train de marchandises le 28. Enfin un groupe d'officiers allemands en fait les frais dans une gare le 31. Les traîtres et les collabos, sont aussi une cible de choix, le 2 à Denain et le 21 à Paris.

Jeudi 29 juillet, le COSSAC a établi ses bureaux, dans les locaux du Spécial Intelligence Service. En m'y rendant, j'ai un sérieux doute, sur mon apport pour une telle opération. Depuis l'échec du Plan « Jubilée », les alliés ont tout de même réussi, le débarquement en Afrique du nord, en novembre dernier et plus récemment celui en Sicile. Nous pouvons supposer, qu'ils ont su en tirer les conclusions.

Le building du SIS situé au 54 Broadway, est somme toute assez banal. Le bâtiment, datant d'une vingtaine d'années, à toits mansardés comporte huit étages. Le contrôle à l'entrée, bien que strict, n'a rien d'impressionnant :

- Bonjour, je suis le capitaine Fixin du BCRA ! Je suis attendu par le COSSAC !

- Good Morning captain ! Please follow me !

Je suis accompagné, dans les étages, pour être présenté à cinq officiers dans un bureau :

- Bonjour Capitaine, soyez le bienvenu ! Je suis le général Frédérik Morgan* responsable du COSSAC ! Permettez-moi de vous présenter l'amiral Bertram Ramsay* de la Royal Navy et l'Air Chief Marshall, Arthur Tedder* de la RAF ! les deux autres officiers subalternes, sont visiblement présents pour s'occuper du secrétariat ! devant un tel « parterre d'huiles », je me demande à quelle sauce je vais être assaisonné.

- Sir, je suis extrêmement honoré ! Néanmoins, je ne pense pas être en mesure de vous être d'une grande utilité !

- Nous avons lu attentivement, le rapport que vous avez fourni sur l'opération « Jubilée » à Dieppe ! Nous aurions besoin d'un certain nombre de précisions !

- Je vous écoute mon Général ?

- Selon vous, quelles sont les raisons de l'échec de l'opération sur Dieppe ? je prends quelques instants de réflexion et je profite de la présence de l'armée de terre, de la marine et de l'aviation, pour me lancer.

- Sur ce type d'opération, l'effet de surprise doit jouer pleinement ! Or, le destroyer « le Calpe », a coupé un convoi allemand, pendant la nuit ! Ensuite la coordination des trois armes *(terre, air, mer,)*, est essentielle ! Le moindre retard d'une opération, a bien sûr des conséquences sur les autres ! De plus les forces canadiennes et britanniques engagées n'avaient aucune expérience ! Les trois officiers supérieurs, m'écoutent religieusement, pendant que les autres prennent des notes.

- Voyez-vous autre chose ?

- Je ne vais pas vous apprendre qu'une préparation d'artillerie devient indispensable, pour affaiblir les défenses côtières ! Néanmoins dans un premier temps, la possibilité de débarquer du matériel lourd est quasiment impossible ! La plupart des chars « Churchill » de 40 tonnes, sont restés bloqués sur la plage ! Pour mettre en place un tel matériel, il est indispensable d'aménager des embarcadères, susceptibles d'accueillir des rampes de débarquement !

Visiblement mes arguments font mouche :

- Merci Capitaine, votre expertise nous a été très précieuse !

- Puis je vous demander un planning, sur les futures opérations ?

- Nous savons que vous êtes tenu au « secret défense » ! Néanmoins, pour l'instant, il est beaucoup trop tôt pour que nous puissions entrer les détails !

168

Je me doutais, malgré ma tentative, que je rentrerais les mains vides.

(Le 14 août à Québec, Churchill et Roosevelt, s'accordent pour approuver le plan final « d'Overlord »).

Vendredi 30 juillet, je repasse par l'hôpital d'Hammersmith, pour être enfin libéré de mon atèle. De retour au bureau, Dewavrin ne manque de m'interpeller, sur mon rendez-vous de la veille :

- Alors, quelles nouvelles de nos amis anglais ?

- Je pense qu'ils ont été convaincus par mon analyse ! Par contre, vous ne serez pas étonné, que je n'aie rien obtenu en retour ! Passy fait une moue dubitative.

- Je vois que vous avez retrouvez l'usage de vos deux mains ! C'est parfait pour les tâches administratives !

J'ai toujours un peu de mal à saisir son second degré, j'attends la suite :

- Pour l'instant, je n'ai rien à vous confier, même pas la formation de « radios crypter » ! Veuillez-vous mettre à la disposition de « Drouot » !

Me voilà bien avancé, enfermé plus ou moins dans un placard en attendant la suite. Georges Lecot* (Drouot), découvre que je suis de nouveau sous ses ordres, lorsque je le lui apprends. Je me contente donc de soulager Jacqueline Girard, de ses nombreuses occupations, bien qu'elle n'en demandât pas tant.

Dans ces conditions, le briefing du lundi deviendrait presque agréable. Le sujet du jour, concerne l'allocution radiodiffusée de la veille, du Docteur Goebbels. Il demande aux berlinois de quitter la ville, s'ils ne sont pas employés dans l'industrie de guerre. Jusqu'à présent les sources officielles, avaient toujours écarté l'hypothèse d'un raid potentiel sur Berlin. Les rumeurs, semblent étayer une capitale du Reich sur le point de tomber. Des laissez- passer, seront attribués, aux femmes, aux enfants, aux retraités ainsi qu'aux malades, avec des cartes de rationnement et des couvertures.

Le 3 août 1943, devient une date historique pour le renseignement. Les deux chiffreurs polonais, Henryk Zygalski* et Marian Rejewski*, en exil à Londres, sont les premiers à casser le code « Enigma », qui gère l'ensemble du chiffrage de l'armée allemande. Le travail des deux mathématiciens, avaient commencé dès 1932, dans un premier temps en faisant une copie de la machine.

En cette première quinzaine du mois d'août, les alliés continuent de progresser en Sicile. Les troupes de la 3e division d'infanterie américaine, franchissent les portes de la ville de Messine, suivi cinquante minutes à peine, par le 8e armée britannique. La ville n'est plus qu'un vaste champ de ruines, ravagée par les bombes et les obus venus des deux côtés. Les autochtones, sortent de leurs caves et autres cachettes, le regard hagard, ne sachant plus s'ils ont affaire à des libérateurs, ou d'autres envahisseurs.

Après l'Italie du sud, c'est l'Italie du nord, qui subit la foudre des bombardements britanniques. Le 12 août 656 bombardiers de la RAF déversent 1 252 tonnes de bombes incendiaires sur Milan. Des négociations secrètes, sont en cours pour un armistice.

Deux jours plus tard, le Maréchal Badoglio déclare Rome ville ouverte. La négociation, avait commencé dans la semaine, entre le nouveau premier ministre italien et l'ambassadeur de Grande Bretagne à Madrid. En parallèle, un général italien contacte Rommel à la frontière italienne sur le même sujet. Pietro Badoglio annonce le soir du 14 août à des milliers de romains : « Rome ville ouverte ! » Toutefois, des sources alliées, démentent d'Alger en avoir reçu la confirmation officielle, tout en précisant que la capitale italienne, ne sera « déclarée ouverte », que lorsque ministères, agences gouvernementales, organisations et industries militaires, auront quitté entièrement la ville. La situation, demeure trop ambiguë, Rome, sert toujours de communication aux allemands, aux yeux des alliés, de sorte que la ville reste objectif légitime de bombardement.

De son côté, Adolf Hitler ne peut pas rester les bras croisés, à regarder son principal allié, partir en déliquescence. Il doit marquer les esprits, par une opération à la fois audacieuse et spectaculaire.

Il convoque un jeune Hauptsturmführer (*Capitaine)* de la Waffen SS, Otto Skorzeny. Agé de 35 ans, il mesure 1m95 et a servi auparavant dans la garde rapprochée du Führer. Skorzeny, s'embarque dans un Junker 52, dont il est l'unique passager pour la Prusse orientale. Objectif Tannenberg, pour gagner « la tanière du loup », il apprend à l'atterrissage, qu'il doit rejoindre une demi-douzaine d'officiers, pour rencontrer le chancelier Hitler, lui-même.

Après s'être adressé à chacun d'entre eux, le Führer pose la question :

- Qui d'entre vous connaît l'Italie ? Skorzeny répond en premier.

- Je l'ai visitée deux fois à motocyclette, avant la guerre ! Je suis descendu jusqu'à Naples ! Hitler le relance.

- Et qu'en pensez-vous ?

- Je suis autrichien, Mein Führer ! sous-entendu, je ne peux me consoler de la perte du Tyrol du Sud, rebaptisé Haut-Adige en 1919. Il n'a pas besoin d'en dire plus, le chancelier a pris sa décision.

- Que tout le monde sorte, à l'exception de l'Hauptsturmfürher Skorzeny ! une fois en tête à tête Hitler, lui expose son plan.

- J'ai pour vous, une mission de la plus haute importance ! Mon ami Mussolini, notre fidèle compagnon de lutte, a été trahi par son roi et arrêté ! Je ne peux pas abandonner le plus grand des italiens ! C'est le dernier César romain ! Il faut le sauver, je vous charge de cette mission ! Ne reculez devant aucun effort, le secret le plus absolu est indispensable ! Je vous affecte à la Luftwaffe et vous serez sous les ordres du général Student ! Je vous souhaite bonne chance !

- Je ferai de mon mieux, Mein Führer ! l'officier SS, comme bon nombre avant lui, est désormais envoûté et prêt à offrir sa vie, pour aller au terme de sa mission.

Aussitôt, après son rendez-vous avec le chancelier du Reich, Skorzeny rencontre le général Student, créateur des parachutistes allemands.

De l'homme à l'embonpoint proéminent, se dégage une certaine jovialité, au contraire du Reich Führer Himmler, maigre au teint blafard, troisième personnage de la pièce.

Les premiers détails de l'opération, sont rapidement bouclés. Skorzeny, partira avec Student à Rome, suivi par une cinquantaine d'hommes du bataillon « Friedenthal ». Après maints rebondissements, la date de l'opération est fixée au dimanche 12 septembre. Otto Skorzeny, aura la responsabilité de l'opération au Gran Sasso, pendant que le major Harald Hors dirigera son commando dans la vallée. Il s'agit d'occuper les carrefours des routes d'Aquila et de Pescomaggiore à Paganica, afin de contrer, toute intervention de l'armée italienne.

Pour Skorzeny, la tâche se complique, quand il s'agit de découvrir la position exacte, où est retenu le Duce prisonnier. La préparation en amont, se fait sous la forme d'une véritable enquête de police. À Rome, un certain nombre de nouvelles, plus ou moins farfelues circulent. Mussolini, serait gravement malade pour les uns, mort assassiné ou suicidé, pour les autres.

En Italie pendant le mois d'août, le Duce est transféré dans divers endroits, de l'île de Ponza, il finit à Santa Maddalena, au nord-est de la Sardaigne, où il est identifié dans la villa « Weber ». Le plan, particulièrement ambitieux, mobilise les trois armes. Mussolini, « déménage » encore une fois, de la villa dans un hôtel situé dans une station de sports d'hiver, au pied du massif Gran Sasso à 2 200 m d'altitude. Skorzeny fait en compagnie de Radl, le chef de bataillon, un repérage aérien dans un Storch.

Deux solutions sont envisagées, soit un assaut par des planeurs, soit une attaque parachutiste. Finalement une opération mixte, emporte l'adhésion. Les paras, s'empareront de la station téléphérique, pendant que les planeurs se poseront sur une minuscule plate-forme, non loin de l'hôtel.

Douze aéronefs, sont mobilisés emportant chacun dix hommes, pour une intervention à partir de 7 heures du matin. Ils devront faire face à deux cents cinquante italiens, pour un effet de surprise indispensable.

L'heure H est finalement repoussée à 14 heures et 4 appareils sont manquants pour l'intervention, réduisant l'effectif d'un tiers. Une fois au sol SS et paras, bousculent les carabiniers. Les gardiens de Mussolini, préfèrent lever les bras plutôt que de se battre. L'intervention, ne dure pas plus de cinq minutes. Skorzeny se retrouve en présence du Duce : « Le Führer m'a envoyé pour vous libérer ! » « Je savais que mon ami Adolf Hitler, ne m'abandonnerait pas ! » Mussolini, est ensuite évacué dans un Storch, direction Pratica di Mare près de Rome. Simple étape, avant que le Duce ne prenne place dans un Junker 52 avec Skorzeny, pour Vienne.

Pour le Reich, le succès de l'opération, représente une victoire psychologique, après les défaites militaires à l'Est et sur le continent africain. La presse internationale, ne manque pas de commenter. En France « Paris-Soir », considère que Mussolini, va pouvoir recréer un état fasciste, rajoutant « que les seuls Français qui se sacrifient pour sauver les droits de la France, sont les combattants de la LVF et les miliciens de Joseph Darnand. ». « The Daily Telegraph » rend compte beaucoup plus sobrement, préférant insister sur les combats qui font rage, autour de Salerne avec pour issue le sort de Naples. « La Stampa » le grand journal turinois, partage son analyse entre l'offensive alliée dans les Balkans et la constitution d'un gouvernement néo-fasciste, auquel se rallient les ouvriers italiens travaillant en Allemagne …

Chapitre 18 : Le dossier Maurice Dufour.

Le mois de septembre 1943, se montre particulièrement riche en événements, alors que je continue à jouer les utilités au 10 Duke Street. Un ancien préfet, Emile Bollaert*, alias « Beaudoin », succède à Jean Moulin en qualité de délégué général du CNR. À Alger, le CFLN crée une Assemblée Consultative, provisoire de 84 membres. 40 délégués y représentent la Résistance intérieure. Le 13, la libération de la Corse commence.

Comme un symbole, le sous-Marin « Casabianca », l'un des trois bâtiments, à avoir échappé au sabordage de Toulon, débarque 109 hommes des FFL dans le port d'Ajaccio. L'annonce de la reddition de l'Italie donne le signal de l'insurrection. Entre les Corses et les Allemands stationnés dans l'île et en Sardaigne, les italiens jouent un jeu ambigu. Le Commandant de gendarmerie Colonna d'Istria*, dit « Cesari », dans l'Île de Beauté, occupe avec ses hommes la côte ouest et la montagne. En contrepartie, la Wehrmacht, prend Bastia sous contrôle aux troupes de Badogglio. En même temps le général Giraud, cherche à obtenir des alliés les moyens de transporter ses troupes. Il finit par obtenir, deux contre-torpilleurs, le tout dirigé par le général Henry Martin*.

De son côté Dewavrin, se rend compte que j'existe toujours, en me demandant de passer à son bureau :

174

- Ah Pierre, asseyez-vous ! lorsqu'il m'appelle par mon prénom c'est plutôt bon signe. J'ai une mission délicate à vous confier ! il a l'air plutôt embarrassé.

- Je vous écoute mon colonel !

- Est-ce que le nom de Maurice Dufour* *(à ne pas confondre avec son homonyme le résistant belge.)*, vous dit quelque chose ?

- Non pas du tout ! Qui est-ce ?

- Dufour, est arrivé en Angleterre au printemps 1942 ! Il a travaillé d'abord dans un réseau d'évasion britannique avant de s'engager parallèlement dans les FFL ! Nos services, découvrent rapidement qu'il a usurpé le grade de lieutenant ! Il est maintenu en détention provisoire, le temps que la justice militaire examine son dossier ! Il s'est échappé à deux reprises, avant d'être condamné à 10 ans de prison pour évasion !

- C'est somme toute, une affaire assez banale ?

- Oui, sauf que depuis un mois, elle prend une tout autre tournure politique ! Dufour, vient de réunir des fonds pour intenter un procès au général De Gaulle ! *(Historique).*

- Rien que ça ! Mais ça devient ridicule !

- Peut-être, mais pour rajouter à la confusion, je suis impliqué en même temps que six autres officiers du BCRA ! Dufour prétendant, que je l'aurais brutalisé et menacé de mort, pour obtenir des renseignements sur l'organisation britannique qui l'a employé !

- Évidemment ça change tout ! Qu'en pense « le Général » ?

- Il est convaincu, que l'opération est montée de toute pièce, pour lui nuire !

- Sincèrement, croyez-vous les anglais capables d'avoir échafaudé, un plan aussi machiavélique ?

- Non, je pense que c'est plus subtil !

- À qui pensez-vous ?

- Ronald Matthews*, un diplomate américain à Londres, qui qualifie le Général, comme « un Hitler en puissance ! » De plus, son propos fait écho aux français antigaullistes, de tous poils ! Ils pensent pouvoir faire d'une pierre deux coups, en éliminant De Gaulle et le BCRA en même temps !

- Quelle est la position de « nos amis anglais » ?

- Ils affirment ne pas pouvoir intervenir, dans une affaire judiciaire et essaye de convaincre le Général de trouver une solution à l'amiable, pour éviter un scandale !

- Oui, effectivement, c'est sans doute la meilleure solution ! Passy se ferme.

- On dirait, que vous ne connaissez pas le général De Gaulle ? Non seulement il refuse, mais il nous interdit de nous présenter au procès !

- Dans ce cas, je ne vois pas de solution !

- Si, nous allons passer outre les ordres !

- C'est-à-dire ?

- Nous ne pouvons pas prendre le risque d'être convoqués par le tribunal ! Vous allez intervenir en sous-main, auprès du cabinet britannique, pour obtenir une négociation avec Dufour !

- En proposant une transaction financière, je suppose ?

- Oui ! Ce type est vénal avec 2 500 livres et l'acceptation qu'il ne fasse plus partie de nos forces armées, je pense que cela devrait suffire ! Inutile de vous dire, que toute cette opération, doit se dérouler dans le plus grand secret ! Je vous laisse imaginer, si le bruit revient aux oreilles du Général !

Effectivement, j'imagine bien de passer « dans les petits papiers du Général, à bons pour la corbeille ! »

- Nous allons avoir forcément besoin, d'au moins un intermédiaire, pour la transaction ?

- Je vous propose Pierre Viénot* ! Il a l'avantage de bien connaître le Général et d'être en relation étroite avec les anglais !

En sortant du bureau de Passy, je me penche sur la biographie de Maître Viénot. Né à Clermont sur Oise il y a 46 ans, il exerce dans un premier temps, le métier de notaire, avant de s'établir en politique et de devenir sous-secrétaire d'État dans le gouvernement Blum, pendant un an. Aujourd'hui, le général De Gaulle, l'a nommé « officieusement », Ambassadeur de la France Libre auprès du Royaume Uni.

J'obtiens rapidement un rendez-vous avec lui, au 4 Carlton Gardens, siège de la France Libre et je n'ai pas la crainte de tomber sur le général De Gaulle, dans la mesure, où il est actuellement à Alger.

Lundi 26 septembre, dans son point hebdomadaire, Passy nous refait un point sur la situation en Italie. Les Alliés lancent l'offensive vers Naples, par la 8e armée britannique en venant de Calabre et fait la jonction avec les américains à Auletta. Pour essayer de les contenir, les allemands détruisent les installations portuaires. Le Duce, fait son retour d'Allemagne et établit ses quartiers à Salo sur les rives du lac de Garde, afin d'établir un nouveau régime. Il proclame la République Sociale Italienne et désigne un nouveau gouvernement composé d'extrémistes. Au milieu d'une armée qui enregistre de nombreuses défections, il nomme le Général Graziani*, ministre de la défense. En corse, les FFL après avoir pris Bonifacio, s'emparent de Porto-Vecchio.

Le lendemain, je me rends à mon rendez-vous avec Pierre Viénot. Je retrouve Carlton Gardens, pour la première fois depuis que j'ai reçu la médaille militaire des mains du général De Gaulle. Viénot adhérent à la SFIO avant-guerre, dirigeant du Groupe AGIR, prônant avec Pierre Brossolette l'antifascisme, se montre particulièrement affable avec moi :

- Entrez Capitaine, je suppose que nous allons parler de Maurice Dufour ?

J'ai à peine évoqué le sujet, lors de ma prise de contact, je suppose que Passy à du le briefer avant.

- Oui, comme vous le savez Monsieur l'Ambassadeur, le Général et le BCRA, se trouvent dans une position très délicate !

- Passy, à toujours une solution, je vous écoute ?

- L'idée, est de proposer un compromis à la fois juridique et financier à Dufour ! Viénot sourit.

- Sans mettre le Général au courant, naturellement ?

- Effectivement, la précision n'est pas nécessaire ! Vous deviendrez, notre intermédiaire auprès de la justice britannique ! Après réflexion, il reprend :

- Capitaine, cette affaire empoisonne tout le monde...à part peut-être les américains ! J'ai eu l'occasion de m'entretenir avec Churchill, il n'a pas du tout l'intention de laisser tomber De Gaulle, de plus il connaît trop bien l'apport du BCRA auprès du MI 5 ! L'appui d'Anthony Eden (*Ministre de la guerre*), n'est plus à démonter ! Je pense, que ces soutiens dans un premier temps, devraient suffire auprès de la justice anglaise ! Après dans un deuxième temps, nous ne sommes pas à l'abri, d'une réaction négative du parlement britannique !

- Comment allons-nous nous organiser ? l'Ambassadeur, a déjà son plan dans la tête.

- Je vais prendre rendez-vous, avec la Cour Royale de Justice ! Je pense que nous ne serons pas trop de deux, pour défendre le dossier ! Par contre, je vous demande de venir en civil, pour plus de discrétion !

- Très bien, je vous remercie, Monsieur L'Ambassadeur et j'attends votre appel !

À mon retour au siège du BCRA, André Dewavrin, ne manque pas de m'interpeller :

- Alors où en sommes-nous ?

- Pierre Viénot, s'est senti très concerné ! Il va intervenir auprès de la Cour Royale de Justice, pour obtenir un rendez-vous ! Je devrai l'accompagner !

Passy, ne montre pas de signes particuliers d'impatience où de nervosité. Il sait très bien, que nous sommes seulement dans les prémices d'une affaire, qui n'a pas fini de traîner en longueur.

Le mois de septembre, se termine encore avec « les frasques » des francs-tireurs de Manouchian. Le 28, ils abattent en pleine rue l'adjoint de Fritz Sauckel* en France *(Surnommé « le négrier de l'Europe », il organise la déportation de travailleurs des pays occupés, vers l'Allemagne.),* le docteur Julius Ritter*, colonel SS. Le 30, le journal clandestin « Défense de la France », publie les premières photos des camps de concentration. Le même jour, André Comps*, un jeune ingénieur, communique à Michel Hollard*, les plans détaillés de la base de lancement des V1 sur le site de Bois-Carré, près d'Abbeville. Hollard (réseau AGIR), transmet immédiatement les documents à l'Intelligence Service.

Vendredi 1er octobre, Viénot, me confirme, notre rendez-vous pour le lundi suivant, à la « High Court of Justice » (*Cour Royale de Justice*). J'y vois au moins un avantage, …je vais pouvoir échapper au laïus hebdomadaire de Passy. Les Alliés libèrent Naples. La ville à moitié détruite, a payé un lourd tribu. La campagne, d'une durée de trois semaines « laisse sur le carreau », quelques 12 000 morts anglo-américains. Le port n'est qu'un amoncellement d'épaves et de débris en tous genres. La zone industrielle est rasée, les allemands ont dynamité l'aqueduc et les égouts. D'où, une odeur pestilentielle, qui se répand dans toute la ville et le réseau en eau potable est coupé.

« La Cour Royale de Justice », se situe dans le quartier de Westminster, sur Fleet Street à proximité de Temple Bar.

Le bâtiment, en accueille les instances depuis 1875. Nous sommes reçus par « Lord Chief Justice » en personne, soit la plus haute instance de la Chancellerie. Inutile de penser, que les anglais prennent l'affaire par-dessus la jambe. Il nous accueille sans assesseur, preuve d'une très grande prudence de sa part.

Le juge et Viénot ne se sont jamais rencontrés, néanmoins le magistrat connaît parfaitement l'Ambassadeur honoraire de réputation et lui montre, le plus parfait respect. Viénot me présente, comme représentant du BCRA. Je développe au juge notre stratégie, avec le plus de clarté possible et sans ambiguïté :

- Milord, nous voulons éviter autant que possible, un procès politique, qui pourrait avoir de graves conséquences, sur les relations entre la France Libre et le Royaume Unis !

- Capitaine, je me suis déjà entretenu avec notre premier Ministre, sur le dossier ! J'ai bien compris, qu'il s'agit d'un sujet extrêmement brûlant ! Néanmoins, vous, comme lui, devez comprendre que la justice de sa majesté George VI, dont je suis le garant, doit être totalement indépendante et impartiale ! Viénot intervient.

- Milord, il ne s'agit pas pour nous, d'intervenir dans l'illégalité ! Sinon, nous ne serions pas présents, en ce moment devant vous !

- Très bien Messieurs ! Comment voyez-vous les choses ? je relance à mon tour.

- Nous sommes prêts, à exclure Maurice Dufour de l'armée ! Ce qui permettrait de le faire sortir de prison, avec en prime une compensation financière substantielle ! le juge, accroche pour la première un sourire à sa face, dans la préparation d'un bon mot, qu'il souhaite exprimer en français.

- Je crois qu'en France, vous dites : « Il vaut mieux un bon compromis, qu'un mauvais procès ! »

Puis satisfait de son petit effet, il écrase un petit rire étouffé, avant de reprendre :

- Rien ne vous empêche de contacter, le Conseil juridique de Monsieur Dufour, je ne m'y opposerai d'aucune manière ! Mais, je n'interviendrai pas dans ce débat !

Il s'agit pour nous, d'une sorte de blanc-seing « Le lord Chief Juge », croit bon d'ajouter avec un soupçon d'ironie : « Vous savez notre justice, comme toutes les justices, a ses petits défauts ! La rapidité, n'est pas la principale de ses qualités ! » Viénot, a le mot de la fin et le remercie chaleureusement, pour son accueil et sa compréhension. Dès la sortie du tribunal, nous refaisons un point de la situation :

- Monsieur l'Ambassadeur, je suppose que vous allez contacter directement l'avocat de Dufour ?

- Naturellement, nous devons éviter tout contact entre le BCRA et la partie adverse !

- La dernière phrase du juge, ne vous a pas échappé ?

- Oui, j'ai compris à demi-mot, qu'il ferait tout pour retarder le passage du dossier au tribunal !

De retour à Duke Street, je passe par le bureau de Jacqueline, la porte de celui de Passy est ouverte et j'entends qu'il discute avec Lecot et Martin. Jacqueline, me fait signe de la tête que je peux les rejoindre. Le colonel, semble particulièrement de bonne humeur :

- Ah Pierre ! Nous venons d'avoir un retour, sur une réunion des chefs représentants des maquis de toute la France, qui vient de se dérouler à Lyon ! Louis-Eugène Mangin* délégué militaire des deux zones et le lieutenant-colonel Thomas*, estime à 20 000 les maquisards encadrés, dont 15 000 sont déjà équipés !

Lecot et Martin en profitent pour s'éclipser, Dewavrin, n'a pas l'air pressé, pour que je lui fasse un résumé de l'affaire Dufour.

C'est pourquoi, j'anticipe toutes questions :

- Je sors de notre rendez-vous, à la Cour Royale, avec Pierre Viénot ! Concrètement, le juge nous a fait comprendre, qu'il ne ferait rien pour accélérer la procédure ! Bien au contraire ! De plus nous avons le feu vert, contacter l'avocat de Dufour ! Pour éviter de nous compromettre Viénot se charge de la démarche !

- Très bien Pierre, bon travail ! Patientons donc !

Mercredi 6 octobre, dans l'expectative de la suite de l'affaire Dufour, me voilà replongé dans les dossiers administratifs, faute de mieux. Je n'ai aucune nouvelle de ma famille, depuis mon arrivée à Londres, et je pense aujourd'hui, que ma petite Marie...fête ses quatre mois.

À Rome, la situation se complique brusquement. Les allemands « venus protéger », les italiens de la poussée des Alliés, se livrent à un pillage systématique des musées et des églises. Les œuvres d'art prennent la direction du Reich, accompagnées de milliers d'anciens soldats italiens, enrôlés pour des travaux forcés en Allemagne. Les parachutistes nazis cernent le Vatican. Pie XII, aurait envoyé une lettre à ses cardinaux, à n'ouvrir qu'au cas où il serait arrêté.

L'île de Beauté est enfin libérée. Le mouvement insurrectionnel, commencé le 9 septembre, trouve son aboutissement moins d'un mois après. Le maquis corse, majoritairement communiste, a bénéficié du soutien des troupes du CFLN du général Giraud. Dans la nuit du 12 au 13, trois sections d'un bataillon, ont débarqué à Ajaccio, la ville étant défendue, par la brigade blindée « Reichfürher SS » et le la 90e division de Panzer grenadier. Toutefois les troupes de Kesselring, sont rappelées pour une moitié sur le continent. Le 6e tabors, sous les ordres du général Louchet, renforcé par les chars légers du 4e spahis marocains attaquent pour la libération de Bastia. Les combats les plus violents se déroulent au col de Teghime.

Sur le continent, les règlements de compte continuent. Le 10 octobre, à Toulouse, l'avocat Lespinasse, qui avait requis la peine capitale contre Marcel Langer* commandant des FTP est abattu de 4 balles de pistolet. À Vichy, 11 dirigeants de la Milice dont Joseph Darnand s'engagent dans les Waffen SS.

Lundi 11 octobre, je profite de l'après briefing pour demander un entretien avec Dewavrin :

- Vous vouliez me parler Capitaine, je vous écoute ?

- Mon Colonel, je souhaiterais retourner en France ! la réponse est cinglante.

- Négatif ! Je comprends que l'air du pays vous manque ! Néanmoins, vous faites partie des « agents grillés », sur le territoire ! Donc pas question de prendre le moindre risque, pour votre sécurité et pour celle des autres !

- Auriez-vous une mission particulière, pour moi, prochainement ? avec Passy, l'ironie n'est jamais très loin.

- Je vais y réfléchir ! Si vous voulez, vous pourriez retrouver le général de Gaulle en Algérie ! Vous lui manquez peut-être... ?

Chapitre 19 : Infiltré.

Me voilà bien avancé, en y réfléchissant, la réponse découle d'une certaine logique. Il va falloir que je continue de ronger mon frein, sans nouvelle de Mathilde, à gérer de la paperasse. Bien sûr, l'idée de passer encore un hiver « dans les brouillards de Londres », ne m'enchante guère. Mais comme la plupart d'entre nous, voir 1944 qui se profile, donne un regain d'espoir, pour une liberté que l'on souhaite enfin définitive.

Nous voilà début novembre, je n'ai pas rejoint De Gaulle à Alger, ce qui n'empêche pas le général de devenir seul président du CFLN. Le général Giraud, a été écarté du fait de ses responsabilités militaires. De nouveaux membres, sont nommés par décret, Henry Fresnay, commissaire aux prisonniers, Emmanuel d'Astier de la Vigerie, commissaire à l'Intérieur, alors Henri Queuille, devient chargé des relations avec l'Assemblée consultative, ainsi que des affaires interministérielles. Enfin Louis Jacquinot, ancien sous- secrétaire d'État du cabinet Paul Reynaud au printemps 1940, est nommé commissaire à la marine. Le Général s'est désormais entouré, que « d'hommes sûrs ».

Mardi 2 décembre, Jacqueline Girard me demande de rejoindre Passy dans son bureau.

- Grenelle, connaissez-vous Oswald Mosley* ?

- Il ne fait pas partie de mes fréquentations habituelles, mais j'ai appris qu'il avait été libéré hier à Westminster ! voilà que côté humour, je me mets à faire du Dewavrin. Il enchaîne sur le même ton.

- Vous allez apprendre à le connaître !

Il me tend un papier en entête du SIS, avec la mention « Wanted ». Dessus figure le nom de Pierre Malet, ancien lieutenant au deuxième bureau sous Vichy !

- C'est une blague, mon colonel, je suppose ?

- Absolument pas ! Vous vouliez de l'action ? Vous allez en avoir !

- Je ne comprends pas ?

- La libération de Mosley inquiète pas mal de monde, la presse anglaise, une partie des deux chambres britanniques et même le Spécial Intelligence Service ! Pour infiltrer la BUF (*British Union of Facists.)* Il vous faut immédiatement reprendre votre ancienne identité !

- Ah, pour cette opération on a besoin de mettre ma tête à prix ?

- N'exagérez pas capitaine ! Il n'y a pas la mention « Reward, Dead or alive » ! *(Récompense, mort ou vif !)* Il faut bien vous fabriquer une couverture ! C'est d'autant plus nécessaire, que face à vous, vous aurez à faire à des purs et durs !

- Très bien et concrètement, comment dois-je m'y prendre ?

- Vous avez le reste de la semaine, pour vous imprégnez du dossier, en vous rapprochant du lieutenant Martin !

Comme à son habitude, Jean essaye de me mettre dans les meilleures dispositions possibles :

- Dis-donc mon vieux, ta mission, ce n'est pas un cadeau ! Tu vas te frotter « aux black shirts » ! Ils ont la réputation d'être pires que des SS !

- Bah, je pourrai toujours comparer ! J'ai déjà eu à faire aux nazis, à Bourges et à Paris ! *(Voir Nom de code Grenelle.)*

- Passy, a monté directement le projet, à la demande de John Henry Godfrey* *(vice-amiral, responsable du MI 5)* ! Le colonel a imaginé, l'avis de recherche, de manière à pouvoir t'introduire dans la BUF ! Il n'y a qu'un minimum de personnes dans la confidence, aussi bien dans les FFL, que côté britannique !

- J'imagine, que malgré les risques, c'est le seul moyen d'être crédible !

- Probablement ! Tiens je t'ai ressorti, toutes les infos que nous détenons sur la BUF et Oswald Mosley ! Plus tu décortiqueras leurs méthodes, plus tu seras armé !

Je me plonge rapidement dans les documents, bien que je connaisse Oswald Mosley de réputation, je n'ai qu'une vague idée de son parcours. L'homme de 47 ans, né aristocrate n'a pas 25 ans quand il se lance dans la politique, à la sortie de la grande guerre. Député Conservateur, il perd son siège en 1923 et rejoint le Parti Travailliste pour être de nouveau élu en 1926. Pendant la crise de 29, il est en charge du chômage dans le gouvernement R. Mac Donald*, puis démissionne en mai 1930.

Il tente de créer une opposition nationale en fondant « le New Party ». Son véritable virage, il l'amorce en 1932, admirateur de Benito Mussolini, et fonde la BUF en octobre de la même année, mouvement fasciste, calqué sur son modèle italien. En 1936, il épouse en deuxième noce en Allemagne Diana Mitford*. Adolf Hitler et le docteur Goebbels sont invités à la cérémonie.

Le parti, compte jusqu'à, 50 000 adhérents et 100 000 sympathisants. Comme la majorité des partis fascistes, la BUF se constitue d'une partie de membres de la petite bourgeoisie, de jeunes, d'ouvriers souvent au chômage, mais surtout de marginaux « sous-prolétaires » de l'East Londonien, en quête d'argent et avides de violence. La BUF, ne rayonne que dans Londres et sa banlieue, ne rencontrant que peu d'écho dans les zones nord pauvres du pays.

Le pouvoir, se centralise au sein de la « Political Organization » situé au quartier général, « la Black House » de Chelsea. Les hauts dignitaires du parti, s'y retrouvent en même temps que Mosley, ainsi que les rédacteurs du journal de propagande « Blackshirt Action ».

Les actions violentes, commencent dès 1934, en s'attaquant aux groupes socialistes et communistes de la capitale, mais également aux commerces tenus par des juifs. Les « Black Shirts » rencontrent néanmoins une certaine résistance de la part de la population londonienne. Autre tâche, ils assurent les services d'ordre dans les meetings très nombreux de Mosley, dont ce dernier se pare d'un charisme débordant. À force de radicalisation, la BUF finit par perdre un certain nombre de soutiens, en particulier sur le plan financier. Lord Rothermere*, un magnat de la presse, prend ses distances, craignant que les positions antisémites de Mosley, ne nuisent à ses intérêts économiques, *(Il possède le « Daily Mail)*.

La British Union of Facists, bascule dans l'extrême le 4 octobre 1936. 7000 « Chemises Noires », s'opposent à 100 000 manifestants antifascistes de divers horizons, communistes, anarchistes, d'organisations juives, ou de nationalisme irlandais de gauche. Le quartier de Dock Street, devient un lieu de guerre civile, au cours d'une journée baptisée « la bataille de Cable Street ».

Cet événement, ne favorise pas les élections de novembre 1937 au « London County Council ». Le déclin est déjà amorcé, la BUF perd 48 sièges. Lors deras l'élection municipale de l'année suivante, le parti ne rassemble plus que 2000 voix. Mai 1940 sonne le glas, Mosley et les principaux dirigeants sont arrêtés.

Vendredi 5 décembre, Drouot « me soumet à la question » !

- Je vais voir si tu as bien révisé ! Bien sûr les « Black Shirts », vont se méfier de toi !

- Je me sens prêt, je t'écoute ?

- Pourquoi avez-vous quitté la France ? je prends quelques secondes avant de répondre.

- Depuis l'invasion de la zone sud, je suis en désaccord avec Vichy ! Je trouve que la politique du Maréchal Pétain, s'est ramollie, vis-à-vis des juifs et des communistes !

- Quel était votre rôle au deuxième bureau ?

- Je faisais partie du Bureau des Menées Antinationales, chargé de la traque des gaullistes, des juifs et des communistes !

- Vous auriez pu rejoindre l'Allemagne, plutôt que l'Angleterre ! Pourquoi ce choix ?

- J'ai la plus profonde admiration pour Lord Mosley, mon rêve est de le rejoindre, pour continuer le combat !

Georges Lecot sourit : « Tu aurais fait un excellent comédien, nous allons retrouver Passy, pour les dernières modalités ». Dewavrin est dans un bon jour, il commence par un trait d'humour mouillé d'acide :

- Alors il est prêt « Malet le facho » ?

- J'adore les rôles de composition, mon colonel !

- Concrètement, vous avez rendez-vous à la serpentine road sur Hyde Park à 10 heures précises ! Votre contact s'appelle Sean O 'Callaghan !

- Comme vais-je le reconnaître ?

- Vous ne pouvez pas le rater, c'est un grand escogriffe irlandais rouquin, de plus 6 pieds de haut ! Il a travaillé pour l'IRA, nous l'avons retourné depuis ! Nous lui avons fourni une photo de votre personne !

- En quoi consiste ma mission exactement ?

- Entrer en contact avec Oswald Mosley, pour évaluer ses futures intentions ! Actuellement il est assigné à résidence près de Slough, à une trentaine de kilomètres à l'ouest de

Londres ! La législation britannique est ainsi faite, que les visites ne lui sont pas interdites !

Lundi 8 décembre, je suis naturellement en civil, Hyde Park, baigne dans la brume et une bruine toute britannique, vous pénètre profondément. Après un moment de flottement, je finis par trouver O 'Callaghan. Effectivement, difficile de le rater, il est la parfaite caricature de l'irlandais, telle que l'on peut se l'imaginer.

- Hello lieutenant Good Morning ! Veuillez me suivre !

- Bonjour, où allons-nous ?

- Je ne suis pas autorisé à vous le dire !

En sortant du parc, une Lincoln Zéphyr noire nous attend. Quatre hommes sont à l'intérieur. L'un d'eux à l'arrière, sort du véhicule et m'invite à m'asseoir. Dans le même temps O 'Callaghan, me serre la main, s'éloigne tout en me souhaitant bonne chance. Une fois assis entre les deux hommes, ma tête est enveloppée dans un sac en tissu, me masquant toute visibilité. J'ai droit à une simple précision : « Nous respectons les consignes de sécurité » !

Difficile de deviner où nous nous dirigeons, j'ai toutefois une certitude, vu le peu de kilomètres que nous parcourons, nous restons forcement à Londres, ou dans sa banlieue. Afin d'éviter tout soupçon, je me montre particulièrement docile. Je suis extrait du véhicule, toujours masqué, pour me faire descendre trois quatre marches, j'imagine qu'il s'agit de l'entresol d'un appartement.

Quelques secondes plus tard, je retrouve enfin la vue. Je suis dans une salle qui doit être en sous-sol, une fenêtre étroite en hauteur dont la poignée a été ôtée, se trouve obstruée de la lumière du jour. J'ai droit néanmoins à l'éclairage artificiel d'une lampe au plafond, une espèce de projecteur repose sur un pied. La pièce, est meublée sobrement d'un lit d'une personne d'une table et de quatre chaises. Les murs sont ornés d'affiches de propagande sur la BUF. Je suis enfermé à double tour, avec pour simple parole : « Nous viendrons vous chercher un peu plus tard ! »

La matinée s'écoule, quand je suis soudain plongé dans le noir. La porte s'ouvre, une homme me recommande de m'asseoir. Il allume le projecteur, dirigeant le faisceau lumineux vers moi : Je suppose qu'il s'agit d'une mise en condition :

- Veuillez décliner votre identité !

- Je suis le lieutenant Pierre Malet, j'ai fait partie du deuxième bureau en France et du Bureau de Menées Antinationales, sur Paris !

- Quelles étaient vos missions ?

- Traquer les gaullistes, les communistes et les juifs ! J'ai pris une part active, dans la rafle du Vel d'hiv en juillet 42 ! *(C'est une manière de voir les choses, en rapport avec « Nom de code Grenelle ! »)*

- Étiez- vous en liaison avec l'Ahbwer ?

- Oui, ainsi qu'avec l'Ambassade d'Allemagne !

- Vous avez dû rencontrer, l'Obersturmfürher Reinhard Vogel ? la ficelle est un peu grosse.

- Non, mes interlocuteurs étaient le capitaine Manfred von Riegsburg puis Friedrich Müller, lui a succédé à la suite d'un attentat terroriste !

- Quel était votre supérieur hiérarchique ?

- Le capitaine Maurice Duval ! le ton monte.

- Il s'agit d'un traître, jouant le double jeu ! bluffe-t-il ? Toujours est-il que décide de jouer, l'apaisement en bottant en touche.

- Je l'ai parfois soupçonné, mais je n'ai jamais eu la moindre preuve !

- Quel est votre motivation aujourd'hui ?

- Continuer la lutte contre le bolchévisme et les juifs, en apportant à la BUF mon expérience du terrain !

Le projecteur s'éteint, en même temps que le plafonnier se rallume. L'homme planté devant moi, porte un pantalon et une chemise noirs, rehaussée d'un brassard sur fond rouge, cerclé de bleu avec un éclair blanc, signe distinctif de la BUF.

-   Je suis le commandant Brian McDonald ! je suppose qu'il s'agit d'un officier autoproclamé.

-   Je suis heureux de vous rencontrer ! Pourrais-je avoir de l'eau et un peu de nourriture ?

-   Je vous fais apporter, un plateau repas !

L'homme s'éclipse, en refermant la porte à double tour. Une bonne heure s'écoule, avant que l'on ne m'apporte un pichet d'eau et un bol d'une variété de porridge. La personne, est un des acolytes venus me cherché en voiture. Il a abandonné la tenue civile, pour l'uniforme noir de la BUF.

-   Quand pourrai-je rencontrer Lord Mosley ?

-   Nous vous tiendrons au courant !

Avant qu'il ne tourne les talons, je lui demande une dernière faveur : « Pourrais-je me rendre au toilette » ? L'homme hésite un instant, puis me fait signe de le suivre. Nous montons un demi-palier, j'essaye de visionner l'endroit, sans pouvoir y trouver le moindre repaire significatif. Une fois de retour « dans ma cellule » j'essaye de négocier : « Vous savez, il est inutile de m'enfermer, je n'ai pas l'intention de m'échapper ! » Peine perdue, il m'écarte sans ajouter un mot et referme derrière lui.

Heureusement que ma montre fonctionne, sinon je n'aurais pas la moindre notion du temps. Je suis enfermé depuis deux jours sans pouvoir prendre la moindre douche, ni pouvoir changer de vêtements. Ma journée, est rythmée par deux repas par jours et « trois voyages » aux toilettes. Mc Donald n'est visiblement plus présent et le serbe qui me sert de geôlier, se montre aussi muet qu'une carpe. Pour briser la monotonie, je lui demande s'il est possible d'avoir de la lecture. Il finit par m'apporter le « Daily Mail » de la veille.

Le journal, consacre sa une à la RAF. Le général Sir Arthur Harris*, prévoit d'envoyer 40 groupes de Lancaster, opérationnels sous trois mois, pour précipiter la défaite du Reich :

« Les 13 000 tonnes de bombes que nous allons larguer sur l'Allemagne, vont provoquer de tels dégâts, qu'une capitulation deviendra inéluctable ! » Les pages intérieures parlent du conflit en Italie, les britanniques contrôlent le mont Camino et le 6ᵉ corps américain, déclenche une offensive au col de Mignano, contre les positions allemandes de San Pietro.

Aujourd'hui, j'ai la bonne surprise d'avoir mon système de semi incarcération allégé. Je peux plus ou moins me balader librement dans l'appartement, je suis même invité à me joindre au repas des « chemises noires ». Inutile de dire que les discussions à table sont très orientées. Un dénommé Sean Lochore, une espèce de brute, plus ou moins inculte, fait l'éloge de Benito Mussolini. Pour lui « le retour aux affaires » du dictateur italien, va changer le cours de la guerre en Italie.

De mon côté, je me contente de jouer le jeu et fait l'éloge des collaborateurs français, de Pierre Laval, en passant par François Brinon sans oublier Joseph Darnand, « mon idole » ! À force de finasser, je manque de me faire piéger. Steve Tremain, un ancien étudiant en lettres, plus évolué que le reste du groupe, me pose la question qui tue :

- Pourquoi tu ne t'es pas engagé dans la Milice ?

Heureusement la chronologie des événements me revient en tête :

- J'ai quitté la France après l'envahissement de la zone libre, la Milice n'a été formée, que quelques semaines plus tard !

Jeudi 9 décembre au matin, Brian Mac Donald fait son retour :

- Lord Mosley accepte de vous rencontrer dans l'après-midi ! Je vous propose de prendre une douche et de changer de vêtements !

Il ne faut pas me le dire deux fois. Une fois mes ablutions terminées, un surprise m'attend dans ma chambre, reposent sur une chaise pantalon et chemise noire, sans oublier le brassard de la BUF.

-   Dois-je porter cet uniforme ?

-   Oui, désormais, vous faites partie des nôtres !...

Chapitre 20 : Savoir donner du temps au temps.

Jamais un seul instant, je n'aurais pensé me retrouver déguisé en militant de la BUF. Je suis dans la Lincoln Zéphyr, direction Slough avec Mac Donald pour passager et Tremain pour chauffeur. Nous sommes tous vêtus de la même tenue, uniforme et bottes noirs, brassard rouge.

La localité de Slough, se situe dans le comté de Berkshire, à peine 3 kilomètres plus au nord du château de Windsor. Curieux tout de même, d'assigner Lord Mosley, non loin d'une des résidences du roi Georges VI. Difficile dans ces conditions, de ne pas céder à la rumeur, en trouvant un lien de sympathie, entre l'aristocrate et la famille Royale.

La demeure bourgeoise qui nous accueille, est gardée par deux tommys en armes. Aucune formalité particulière, n'est exigée pour pénétrer dans la propriété. Nos uniformes semblent suffire comme laissez- passer. À l'intérieur, les quelques pensionnaires présents, sont accoutrés comme nous. L'ambiance devient malsaine, lorsque à la porte d'entrée, un de ces individus nous accueille, par un salut fasciste. Mac Donald et Tremain répondent de la même manière, je me sens obligé de faire de même.

La résidence, meublée de manière luxuriante en mobilier d'époque, dégage un confort certain. Mac Donald, m'invite à m'asseoir dans un canapé de l'entrée. Quelques minutes, plus tard il m'introduit dans un grand salon où m'attend Lord Oswald Mosley. L'aristocrate tire tranquillement sur un fume cigarette :

-   Je suis heureux de vous rencontrer Lieutenant !

-   Tout le plaisir et l'honneur me revient, Milord !

Avec son regard perçant l'aristocrate, dégage un charisme incontestable. Néanmoins, l'homme semble éprouver des difficultés à se mouvoir :

- Vous savez que nous avons le plaisir de nous rencontrer, par la grâce du ministre de l'Intérieur Herbert Morrison*, lui-même ! Il a consenti à me faire sortir de prison, pour « raison de santé » !

- Je l'ignorais ! J'espère que vos problèmes physiques ne sont que passagers ! il m'invite à prendre un cigare, j'accepte bien volontiers.

- Une phlébite douloureuse, me cloue plus au moins dans ce fauteuil ! J'attends des jours meilleurs ! Dites-moi Lieutenant, je connais dans les grandes lignes votre parcours en France, qu'est-ce qui vous incite à nous rejoindre aujourd'hui ?

- Le gouvernement du Maréchal Pétain, n'est plus le même ! Son autorité s'est amoindrie, depuis la présence des allemands en zone libre ! La rivalité des uns et des autres à Vichy n'a fait qu'amplifier le phénomène, je me suis senti inutile ! Je préfère continuer le combat contre les juifs et les communistes sur le sol britannique !

- Je vois ! Et comment voyez-vous les choses ! James, apportez nous deux brandys ! un homme s'exécute, apportant deux verres à alcool sur un plateau.

- Nous pourrions constituer une plate-forme sur le territoire, pour déstabiliser le gouvernement de Churchill !

- Vous savez Lieutenant, pour nous les choses ne sont pas si simples ! Nous ne sommes pas en France ! Les communistes n'ont que peu d'influence dans le Royaume ! Tout ce que j'ai pu entreprendre sur le sujet, n'a rencontré que peu d'échos ! Les juifs comme partout ailleurs, détiennent la clef des banques et de la presse ! Ils nous ont coupé les vivres !

- Et de votre côté, comment comptez-vous régler le problème ?

- Mon ami Mussolini est en très fâcheuse posture, Les troupes du Reich de leur côté, reculent de partout ! Je ne crois pas à une victoire du fascisme, à court ou moyen terme !

- Dans ce cas que faut-il faire ?

- Vous connaissez le proverbe anglais « Wait and see ! » Il faut savoir donner du temps au temps ! Pour l'instant je suis diminué physiquement et la situation, ne nous est pas favorable ! Les prochains mois vont être décisifs, il suffit d'attendre le bon moment pour agir !

Si je dois admettre qu'Oswald Mosley, se montre particulièrement brillant et lucide dans son analyse, « le fauve que l'on m'a présenté », n'est plus qu'un tigre de papier, bien inoffensif. L'après-midi s'écoule à refaire le monde. Le soir nous avons droit à un repas aux chandelles, avec le fameux James transformé en valet de pied. Il n'y a aucune présence féminine à table. Les convives sont muets, seul Mosley part dans une tirade sans fin. Lassé de cette situation surréaliste, où il s'agit de mépriser, juifs, communistes et démocratie, je finis par l'interrompre :

- Milord, tous ces beaux projets sont captivants ! Comment puis-je me rendre utile, pour y apporter mon concours ?

- Lieutenant, encore une fois nous travaillons sur du long terme ! Je ne manquerai pas de vous faire signe, lorsque j'aurai besoin de votre contribution ! finalement, je pense que Mosley n'est « qu'un ventilateur de salon », distillant ses paroles, uniquement à l'attention de ses troupes, pour les galvaniser.

Nous passons la nuit à la propriété. Le lendemain vendredi, nous reprenons la route, Mac Donald, Tremain, et moi, dans la Zéphir direction Londres.

Notre sortie, est à peine entachée par les gardes, d'un contrôle un peu plus strict. Il s'agit simplement de surveiller, que nous ne partions pas avec Mosley.

Je profite du paysage et surtout, je surveille la direction que nous prenons dans la capitale. Comme je le pressentais, nous nous rendons sur King's Road, dans le quartier de Chelsea, siège de la BUF. Une voiture de police stationne en face. Tremain, me dit de ne pas m'inquiéter, m'indiquant au passage que la surveillance reste permanente, depuis la sortie de prison de Mosley. Néanmoins, quatre bobbies descendent du véhicule, pour se diriger vers nous. L'un deux, m'interpelle :

- Lieutenant Malet, je vous arrête !

Mes « deux compagnons », sont interloqués et pétrifiés. Sean Lochore, sorti de l'immeuble, semble vouloir me prêter main forte. Mac Donald, s'interpose et pour finir, je suis embarqué par les policiers. Je me retrouve bientôt au N°4 Whitehall place, siège de Scotland Yard. Tout en réfléchissant, même si « Pierre Malet » se voit victime d'un avis de recherche, pourquoi la police intervient-elle au détriment du MI 5 ? C'est pourquoi, je commence à protester :

- Je suis le Capitaine Pierre Fixin du BCRA, veuillez prévenir mon supérieur le Colonel Dewavrin, au 10 Duke Street ! peine perdue, le planton se contente de me répondre.

- Vous allez pouvoir bénéficier d'un avocat, en attendant tout ce que vous pourrez dire, pourra être retenu contre vous !

Pour le moment, je me retrouve dans une cellule, une vraie cette fois. Nous sommes vendredi soir, sans une intervention le lendemain, avec le Sunday Closed, je suis bon pour rester incarcéré, jusqu'à lundi au minimum.

Je griffonne, sur un bout de papier, les coordonnées du BCRA, le tout maintenant, est de pouvoir faire passer mon message à l'extérieur.

Samedi 11 décembre, je suis extrait de ma cellule pour un interrogatoire, un avocat est bien présent. Avant que l'on me pose la moindre question, un officier fait irruption dans la salle :

- Arrêtez ! Lieutenant Mac Gregor MI 5, cet homme dépend de notre service !

Avant que je n'aie pu m'exprimer, je suis à nouveau embarqué, direction Thames House cette fois. Je profite néanmoins de la confusion, pour glisser mon papier dans la poche de l'avocat en souhaitant qu'il s'en rende compte rapidement. Comme je le craignais, il ne se passe plus rien jusqu'au lundi. Je peux juste comparer le confort « des logements » de Scotland Yard, avec ceux du Security Service.

Monday nine o'clock, le Major Miller rejoint Mac Gregor pour me soumettre à la question. Avant toute chose, je prends la parole :

- Je suis le capitaine Pierre Fixin du BCRA ! Je vous demande de contacter nos services, afin de confirmer mon propos ! les deux officiers restent impassibles.

- Nous avons un avis de recherche concernant le lieutenant Malet avec votre photo ! C'est inutile de nier ! Vous êtes un espion, à la solde de Vichy et des allemands !

- Vous avez juste un coup de fil à donner, pour vous prouver le contraire ! Pierre Malet est mon ancienne identité ! J'ai dû changer de nom, justement pour échapper aux allemands ! bien sûr, je n'ai aucun papier sur moi, pour confirmer mes dires.

- Vous pouvez nous expliquer, pourquoi vous porter un uniforme de la BUF ?

- Je suis un agent infiltré, j'ai pour mission de surveiller, Oswald Mosley !

Visiblement, les deux hommes ne sont pas convaincus :

- Lieutenant, en attendant que vous reveniez à des propos plus sensés, nous allons vous garder au frais ! Je vous rappelle, que pour fait d'espionnage contre le Royaume, vous encourez la peine capitale !

La galère continue, je ne veux pas croire un seul instant, que mon message ne parvienne pas au BCRA, ou que les services du MI 5, ne se livrent pas à la moindre vérification.

Mardi 14 décembre, j'ai la bonne surprise de voir André Manuel* alias « Pallas », devant les barreaux de ma cellule. Passy, ne recule devant rien, il envoie du lourd, avec son meilleur négociateur. La porte s'ouvre, Manuel sourit :

- Vous êtes prêt Capitaine ? Nous pouvons partir !

- Le MI 5, a fini par vous prévenir ?

- Pas du tout, nous avons eu l'information par O' Callaghan, qui a été prévenu par la BUF ! Après, il a fallu remonter la filière via Scotland Yard !

- Je ne comprends rien, qui m'a balancé à Scotland Yard ?

- Nous... ! Il fallait bien vous exfiltrer !

Le métier d'Agent de Renseignements, n'est décidément pas un travail comme les autres. Il faut pouvoir accepter d'être dénoncé par les siens, afin d'avoir le loisir de revenir au bercail ! Ma fête continue, en rentrant à Duke Street.

Bien sûr avec mon accoutrement je ne passe pas inaperçu dans les couloirs et dans les bureaux, les collègues ne me loupent pas : « Dis donc Grenelle, nous approchons de Noël, pas de mardi gras ! » Je m'attends au pire en pénétrant dans le bureau de Passy. Il m'observe des pieds à la tête, la bouche grande ouverte, l'air goguenard :

- Alors là ...Pierre, je pensais que sur le plan vestimentaire, vous m'aviez tout fait !

- Il faut savoir se fondre dans la masse mon Colonel ! au point où j'en suis, autant le jouer burlesque.

- Si vous voulez nous pourrions faire une photo et l'envoyer « au Général », il vous trouverait peut-être amusant ?

- Je n'en suis pas certain ! Parlons plutôt de Mosley, c'était le but de ma mission, non ?

- Il vous a adopté, je suppose... comme le Général ?

- Presque ! Je vais naturellement vous faire un rapport écrit mon Colonel ! Néanmoins pour faire court, il ne représente pas le moindre danger actuellement !

- Très bien ! Avant de taper votre rapport, commencez d'abord par vous changer !

Les désirs de Passy sont des ordres, je n'ai qu'à traverser la rue du 10 au 12 Duke Street, pour me rendre dans ma chambre. Je vais garder l'uniforme de la BUF en souvenir et puis j'aurai bien l'occasion de remettre les bottes cavalières.

48 heures plus tard, alors que je termine mon rapport, Passy me fait demander :

- J'étais sur le point de terminer mon compte rendu sur la BUF, mon Colonel !

- Ne parlons plus de ce sujet ! J'ai décidé de votre transfert à « Praewood House » sous quinzaine, dans le cadre du plan « Sussex » !

- Je vais devoir encore former des chiffreurs télégraphistes ?

- Pas du tout, nous n'en sommes plus là ! Depuis 6 mois, 355 volontaires sont en formation, il s'agit d'en sélectionner 120, les meilleurs, pour des missions en prévision du débarquement de mai ou juin prochain !

- En gros, je vais me transformer en examinateur ?

- Oui, mais pas seulement ! La partie radio cryptage n'est qu'un aspect, il s'agit de déterminer, les plus apte psychologiquement, pour ce type de mission !

- Dans combien de temps dois-je partir ?

- Tout début janvier, vous avez deux semaines pour vous préparer ! Rapprochez-vous de Drouot, pour les modalités !

Au BCRA, les différentes actions sont très compartimentées. Les missions, se multiplient au cours de l'année 1943, à raison nous n'avons qu'une vague idée des projets des uns et des autres, lorsque l'on n'est pas directement concerné.

Drouot, possède bien des éléments, mais je ne saurai la finalité de ma mission qu'une fois immergé sur place. Le plan Sussex, a la particularité, de concerner les trois services de renseignement alliés le SIS américain, SOE britannique et le BCRA français, dans une opération commune.

Les services de l'Ahbwer et de la Gestapo, démembrent régulièrement depuis 1940, les combattants de l'ombre des différents réseaux de résistances en France. La préparation du jour « J », demande un maximum de renseignements, pour coordonner non seulement les actions des alliés, mais pour organiser des sabotages en amont du débarquement, sur le territoire français.

Le Plan « Sussex » (*Du nom du comté, où doit se dérouler l'action*), naît dès mars 1943, de l'imagination de l'état-major du Général Eisenhower. Il s'agit de préparer et mettre en place, des agents parachutés dans toutes les zones au nord de la Loire, potentiellement zone de combat. Les équipes, doivent se composer de deux officiers en civil, un observateur et un radio, à placer dans différents points stratégiques. L'objectif, consiste de fournir en temps réel aux alliés, avant pendant et après le débarquement, toutes les informations cohérentes sur le mouvement des troupes allemandes en général, mais surtout sur le positionnement des divisions panzers, ainsi que des rampes de lancements des V1 et V2. Les volontaires pour cette mission, sont à l'exercice sur « Praewood House », depuis le mois de septembre dernier.

Georges Lecot, me communique l'essentiel :

- Pierre pour ta mission sur place, tu dépendras directement du Colonel « Rémy* » ! Ton transfert concernant la date, n'est pas encore définitif ! Néanmoins, il devrait se dérouler sur la première semaine de janvier !

- Bon que dois-je encore savoir avant de partir ?

- Non, enfin si … tu vas pouvoir passer les fêtes de fin d'année avec nous !

Si maintenant tout le monde, se met à faire du « Passy » … Pour en revenir au colonel Rémy, (*De son véritable nom Gilbert Renault*), si je ne le connais pas vraiment, j'ai eu l'occasion de le croiser lors de mon premier séjour en Angleterre. Il figure parmi les premiers membres du BCRA en 1940, avant que Passy ne le délègue, pour créer un réseau de renseignement sur le sol français. C'est ainsi que la « Confrérie de Notre Dame », voit le jour, avec la complicité de Louis de la Bardonnerie*.

Ses rapports avec Passy, sont souvent orageux, ce dernier lui reproche de désobéir à sa hiérarchie. Ainsi, lors de sa première mission, il s'attarde à Madrid, au lieu de regagner la zone libre. Chargé d'établir un état-major de la résistance en zone occupée, il promet beaucoup de manière inconsidérée à l'OCM, mettant Pierre Brossolette et Jean Moulin, dans des positions difficiles. Il favorise de son propre chef, le ralliement des communistes, en conviant à Londres Fernand Grenier* (*Ancien maire de Saint Denis)* en janvier 1943, alors que le rassemblement du PCF, est effectif depuis décembre 1942. Dernier point, au détriment des consignes, il fréquente les restaurants de luxe et dépense sans compter, les deniers du BCRA. De ce fait André Dewavrin, lui interdit de séjourner en France et le nomme responsable du plan « Sussex » pour le France Libre. S'agit-il d'une voie de garage ? Je ne devrais pas attendre trop de temps pour être fixé.

Avec mon infiltration à la BUF, je n'ai même pas pu fêter mes 23 ans. Les restrictions de fréquentation du pub « The Golden Fleece » étant levées, nous nous retrouvons le samedi soir, avec Jacqueline Girard, Jean Martin et Georges Lecot, pour fêter l'événement.

Aux dernières nouvelles le journaliste Bob Moore, ne fréquente même plus l'établissement, au grand soulagement de Jean…entre autres. L'ambiance est à la bonne humeur, j'en profite pour poser la question :

- Alors Jacqueline, Jean à quand vôtre mariage ? Jacqueline sourit.

- Vous allez être les premiers informés en juin ou juillet prochain ! Georges et André Dewavrin seront les témoins ! Pierre, bien entendu si tu es toujours dans les parages, tu seras de la noce !

- Ah bon, c'est l'occasion d'offrir une tournée générale !

Georges Lecot, à un mot aimable à mon intention :

- Après ton départ à Praewood House, tu vas nous manquer ! Jacqueline rigole.

- Surtout que Passy, va devoir se trouver une autre tête de turc ! Jean modère.

- Je pense être celui, qui connaît le mieux André ! Croyez-moi, s'il avait quelque chose contre Pierre, il lui ferait subir un autre traitement !

Mon esprit vagabonde déjà ailleurs, avec les fêtes de fin d'année qui se profilent, je vais devoir passer les deux réveillons, sans Mathilde ni Marie…

Chapitre 21 : De Fortitude à Overlord.

Pas de fête en famille, mais pas de repas gastronomique non plus pendant la trêve des confiseurs. Les bouchers reçoivent des dindes et des oies contingentées. Exemple, un commerçant reçoit en moyenne 15 volailles pour 800 clients, de quoi fournir une famille sur dix. Les ménagères les plus imaginatives, réussissent parfois à confectionner le traditionnel « Christmas pudding », avec quelques fruits secs, malgré le rationnement.

Le 30 décembre à Vichy, le Maréchal Pétain, nomme le Sturmbannführer de la Waffen SS Joseph Darnand, secrétaire d'Etat au Maintien de l'Ordre. Cette nomination, fait suite, à une injonction d'Hitler deux semaines plus tôt, pour faire participer Darnand, Marcel Déat et Jacques Doriot au gouvernement.

L'année, commence par une refonte de l'opération Overlord pour la « grande invasion », prévue sur le Cotentin, entre Caen et Cherbourg. Les trois divisions attendues initialement pour le débarquement, sont globalement jugées insuffisantes. Le total du corps expéditionnaire, passera à dix-huit divisions. Churchill, estime que ce plan n'a de sens, que si la résistance allemande se limite à douze divisions. La date du jour J, est reportée à fin mai.

Mes valises sont prêtes, nous sommes le mardi 4 janvier, la Packard de l'État-Major prend la direction de « Praewood House », près de Saint Albans, à 40 km au sud de Londres. Le lieu a servi d'école, reconditionnée pour la circonstance, en académie militaire. Le bâtiment principal trône sur un magnifique parc à l'anglaise. Dès mon arrivée, je suis dirigé immédiatement vers le bureau de Gilbert Renault :

- Mes respects, mon Colonel !

- Trêve de mondanités Capitaine ! Passy vous a couvert de louanges mais j'attends autre chose de votre part, que l'expertise d'un « radio crypter » d'élite !

- Je suis à votre disposition !

- Les tâches sont multiples et nous sommes pressés par le temps ! Primo, sur les 350 volontaires ici présents, vous allez devoir en retenir 120 ! Secundo, le plan Sussex s'élargit et devient « Sussex-Proust » ! Pour cela, il faudra puiser dans les 230 laissés de côté, pour en sélectionner 50 ! Tertio, les alliés mettent en place le plan « Jedburgh », il s'agit de former des hommes pour faire diversion au débarquement ! Contrairement à « Sussex-Proust », les équipes seront Franco-Américano-Anglaise ! Il faudra une centaine d'hommes supplémentaires !

- Très bien ! De quelle façon dois-je m'y prendre ?

- Allez donc faire un tour sur le terrain d'entraînement, avant de vous plonger dans les dossiers !

Je me rends compte rapidement, que l'activité physique des élèves, orchestrée par les commandos de sa Majesté et des Marines américains, diligentés par les sergents instructeurs Robichaud* et Homola*, n'est pas une partie de plaisir. Parcours du combattant, et close combat, sont au menu des stagiaires. Robichaud, me précise que l'instruction porte également, sur une formation théorique des matériels ennemis.

Identification des avions, des blindés, des véhicules de tous types, reconnaissance des unités allemandes, ainsi que la manipulation d'engins explosifs de toutes sortes, sont au programme. Les élèves, sont tous passés par « Ringway » au sud de Manchester, pour leur formation parachutiste. Le premier soir au mess, je fais la connaissance des officiers supérieurs alliés. Le commander Kenneth Cohen* du SIS britannique, et le Colonel Francis Pickens Miller* de l'OSS américain, co-responsables du Plan Sussex, avec Rémy.

Dès le lendemain, je me penche sur les dossiers des stagiaires en faisant une première évaluation, en fonction des critères physiques annotés, par les sergents instructeurs. Je constate, que la fourchette d'âge se situe entre 17 et 26 ans, seuls quatre ont plus de 30ans. Puis, je prends les meilleurs pour les tester en radio-cryptage. Je me rends rapidement compte, qu'il n'est pas nécessaire de poursuivre plus loin, ils sont tous bien plus performants dans ce domaine, que les agents que nous avons envoyés auparavant en mission.

Si la majorité des dossiers sont composés d'hommes, cinq femmes en font partie. Un nom, attire plus particulièrement mon attention, celui de Jeannette Guyot*. Elle n'a pas encore 24 ans et ses états de service sont déjà copieusement garnis. Combattante de la première heure, membre du réseau « Amarante », jusqu'en août 1941, elle intègre par la suite le « Réseau Notre Dame », du coup elle doit connaître parfaitement le colonel Rémy. Elle devient agent de liaison sur Paris, chargée des contacts dans la zone sud tout en continuant ses activités de passeuse. En février 42, elle est arrêtée, emprisonnée à Chalon sur Saône, puis à Autun. Jeannette, reste muette pendant les interrogatoires et les allemands finissent par la libérer faute de preuve. Elle continue son activité dans le réseau « Phratrie » rattaché au BCRA pour collecter des renseignements et se livrer à des actions de sabotage. Pistée par la Gestapo, elle est exfiltrée en mai 1943 pour l'Angleterre et prend le pseudonyme de « Jeannette Gauthier ».

Jeannette, vient d'être promue lieutenant, je décide de la soumettre la première, à un interrogatoire.

-   Lieutenant, qu'elle votre motivation pour faire partie du plan « Sussex » ?

-   Mon Capitaine, après plus de trois ans de mobilisation dans la résistance, je me rends compte que je suis plus faite pour le terrain, que pour l'administratif !

Sa voix douce n'entame pas sa détermination, elle me fait penser à « Maria la Louve » en plus petite, elle ne mesure pas plus d'un 1m60, mais surtout en plus féminine.

- Travailler dans un milieu d'hommes, ne vous pose pas de difficultés particulières ? Elle sourit.

- Les hommes en général, ne me posent aucun problème, sauf s'ils sont nazis !

En moins de cinq minutes d'entretien, j'ai parfaitement compris que Jeannette, doit s'intégrer parfaitement à ce type de mission. À la fin de la semaine « Rémy », me demande de faire un premier point :

- Où en êtes-vous dans votre analyse ?

- Les stagiaires, sont tous opérationnels sur la partie Radio-cryptage, après la différence se joue sur le physique et sur la partie psychique ! Sur ce dernier point, j'ai encore besoin d'un peu de temps, pour me faire une idée définitive !

- J'ai prévu de faire un test grandeur nature, dans quatre semaines ! Pour une première, nous allons assurer en composant deux équipes pour la mission ! J'ai donc besoin que vous me donniez, quatre noms, pour le début de semaine prochaine, au plus tard !

- Que pensez-vous de Jeannette Guyot ?

- Jeannette, je ne vais pas vous en dire du mal, dans la mesure où je lui ai demandé de faire ce stage ! Si vous jugez qu'elle est opérationnelle immédiatement, vous avez le feu vert !

- Oui, pour moi, il n'y a aucun problème ! Je vous communique les trois autres noms, lundi au plus tard !

Je consacre mon week-end, à parfaire l'étude des dossiers. Choisir c'est d'abord se priver. L'important, consiste de trouver un équilibre et une complémentarité dans les équipes. Le commandant Vincent Saubestre*, alias « Marcel » me vient tout de suite à l'esprit. Âgé de 38 ans, il a une solide expérience d'aviateur.

Je lui adjoins Pierre Binet*, dit « Polit Robert », un jeune de 22 ans, qui n'a pas froid aux yeux. Enfin, le capitaine Georges Lasalle*, le doyen de 41 ans, adhérent au PCF, fera équipe avec Jeannette.

Dès le lundi matin, je me pointe dans le bureau du colonel Rémy, pour lui faire part de mes choix. Il n'émet aucune objection, nous pouvons fignoler l'opération baptisée « Pathfinder » (*éclaireur*). Les quatre agents, seront parachutés dans la nuit du 8 au 9 février, au-dessus de Loches dans le Val de Loire. Ils devront ensuite sillonner la zone nord, pour trouver les terrains de parachutage et les refuges susceptibles d'accueillir les équipes « Sussex ».

(Les quatre agents qui emplissent parfaitement leur mission, vont subir des destinées parfois tragiques. Lassalle sera arrêté le 14 mars 1944 à Limoges et fusillé le 26 mars à Brantôme. Vinet, pris en otage, sera fusillé le 22 août près de Troyes. Vincent Saubestre, devient lieutenant-colonel en 1946, puis général d'armée pour devenir Inspecteur Général de l'Armée de l'air française et membre du Conseil Supérieur de l'Air. Il décède à Paris le 25 octobre 1976. « Jeannette », épouse à la fin de la guerre Marcel Gauchet, un ancien de la mission « Sussex ». Discrète, elle décède dans un quasi-anonymat, le 10 avril 2016 à Chalon sur Saône à l'âge de 97 ans. Elle est en partie réhabilitée par la suite, la 45ᵉ promotion régional de l'administration de Nantes porte son nom, ainsi qu'une école primaire à Génelard en Saône et Loire, depuis le 22 août 2019.)

Dans le prolongement, 12 équipes de 26 agents seront envoyés jusqu'au 15 mai, au nord d'une ligne partant du Havre, passant par Paris, Reims, jusqu'à Bischwiller en Alsace. Au même moment, non loin à Saint Albans, se déploie l'opération Fortitude South, parallèle à Fortitude North basée à Edimbourg. Il s'agit du plus gros coup de bluff et de la plus grande mystification, de la deuxième guerre mondiale, faire croire à l'état-major allemand que le débarquement principal, aura lieu dans le Pas de Calais et non pas en Normandie.

Pour se faire, il s'agit de créer une « armée de campagne fantôme » constituée de matériels fictifs, d'avions et de bateaux en bois, de chars Sherman en baudruche gonflable, pouvant être assimilés à de véritables armes de guerre, par vues aériennes.

Le SHAEF *(Haut commandement allié)*, imagine dans un premier temps l'opération « Bodygard », pour faire diversion à « Overlord » en Normandie et « Dragoon » en Méditerranée.

À sa tête Churchill, nomme le Colonel John Henry Bevan*. Bodygard, se décline bientôt en deux entités, Fortitude North et Fortitude South. La première consiste à faire croire aux allemands à un débarquement en Norvège, la seconde dans le Pas de Calais.

Sur le papier, les 12 divisions alliées devront faire face à 17 divisions allemandes en Normandie. Pour contrer le déséquilibre déjà important, il est indispensable de fixer les 30 divisions de réserve maintenues par la Wehrmacht dans le nord de la France et les 13 divisions disponibles en Norvège. La pseudo-armée, disponible dans le Kent représente 11 divisions factices pour 1 million d'hommes, sous les ordres du Général George Patton, l'ennemi le plus redouté, selon Adolf Hitler.

Cette supercherie n'est possible, que si une campagne de désinformation à grande échelle est mise en place. L'Abwer a déployé depuis 1940, un cinquantaine d'agents en Angleterre. Depuis le MI 5, les a neutralisés soit en les arrêtant, soit en les retournant, ou mieux encore, en les manipulant. Un homme, représente la plaque tournante de cette mécanique de désinformation, il s'appelle Joan Pujol Garcia*. Ce Catalan de 32 ans, véritable prestidigitateur de génie, se montre capable de faire gober n'importe quoi à n'importe qui, au point de gagner l'entière confiance d'Hitler.

Exemple, il fait croire à l'Abwer, qu'il est correspondant à Londres, alors qu'il est basé à Lisbonne. Garcia, se contente de rédiger ses rapports à partir de cartes, guides touristiques et horaires de train, les services d'espionnages allemands, n'y voient que du feu. Cet agent double, identifié sous le nom de code « Garbo » pour les britanniques et « d'Arabel » pour les allemands, va réussir à rendre « Fortitude » crédible.

Son travail, ne serait rien sans son épouse Araceli, Gonzales Carballo, de deux ans plus jeune que son mari. Petit à petit, bien façonnée par son époux, Araceli, se montre une auxiliaire redoutable, en manipulant Federico Knappe, un espion allemand, qui peut ainsi confirmer, l'attachement « d'Arabel » au Reich.

Garcia, continue sa campagne de désinformation, en créant un vaste réseau de sous agents fictifs, sensés rayonner dans tout le Royaume. Ils sont au nombre de 23, abreuvant l'Abwer de messages plus ou moins faux, mais vraisemblables. Les allemands, finissent par lui demander d'arrêter le recrutement et de communiquer les rapports par radio.

Comble du surréalisme, « Arabel » reçoit la Croix de Fer le 29 juillet 1944 et « Garbo » l'Ordre de l'Empire Britannique, des mains du roi Georges VI, le 25 novembre 1944. Avec le finlandais Lauri Törni, il est une des rares personnes, à recevoir des distinctions aussi bien du côté des Alliés, que du côté de l'Axe. Joan Pujol Garcia décède à Caracas à l'âge de 76ans, le 10 octobre 1988, il n'a jamais été démasqué par les allemands.

En Italie, Mussolini en profite pour régler ses comptes. Le 11 janvier à Vérone, le comte Ciano, propre gendre du Duce et ancien ministre des Affaires Étrangères, est passé par les armes par un peloton d'exécution de la ville. Quatre anciens dignitaires fascistes, subissent le même sort, 13 autres, sont condamnés par contumace. Leurs crimes, avoir voté contre le Duce, au Conseil fasciste de juillet dernier. Le 20 janvier à Vichy, Joseph Darnand, reçoit les pleins pouvoirs pour exercer l'autorité sur l'ensemble des forces du pays. Il se voit habilité à créer des cours martiales, pour juger des individus pris en flagrant délit de terrorisme et les faire exécuter.

Après le largage de la première mission Sussex « Pathfinder », début février, je continue ma sélection, pour les missions à venir. En parallèle, nous recevons le 11 février le double d'une note en provenance du BCRA de Londres, à destination du capitaine Landrieux* du BCRA d'Alger, concernant le plan « Proust » ». Le Colonel Neave de l'armée américaine, confirme la volonté de créer des binômes franco américains, sur le principe du modèle Sussex.

Les missions à venir, ne sont pas encore définies, néanmoins elles s'inscrivent dans le cadre « d'Overlord » et feront suite au débarquement. L'insuffisance des adeptes déjà mobilisés pour Sussex, nous oblige à élargir le recrutement. Dès mars, une campagne d'enrôlement est lancée, sur les forces disponibles en Afrique du Nord.

Une partie des futurs agents embarquent d'Alger le 6 mars et arrivent dans le port de Liverpool, le 17 mars. Ils suivent ensuite le circuit traditionnel, en passant les formalités de sécurité. D'autres, débarquent par petits groupes ou individuellement, quelques-uns se perdent entre Alger et Londres.

Puis vient la période d'évaluation à « Praewood House ». Je suis bien obligé de constater, que le degré des nouvelles recrues, est sans aucun rapport, comparable avec celui des stagiaires mis à ma disposition à mon arrivée. Les instructeurs Rochibaud et Homola, s'en ouvrent à moi sur le plan de la préparation physique et j'en ai la confirmation sur le plan cryptographique. Le colonel Rémy, me demande de sortir un bilan mi-avril, et me convoque à la suite pour un entretien :

- J'ai lu vos différentes analyses sur les recrues pour « Proust », c'est loin d'être convaincant, pour beaucoup d'entre eux !

- Je vous le confirme, mon colonel, d'autant que les missions qui vont leurs être confiées après le débarquement, vont comporter d'énormes difficultés !

- Il va falloir « tailler » dans le nombre ?

- Oui, sans aucun doute, d'autant que nous ne pouvons pas, leur faire prendre le risque de se planter à la fois pour eux et pour les troupes sur le terrain !

Après avoir fait le tri nécessaire, 65 hommes sont finalement retenus définitivement au 21 mai 1944. Au fur et à mesure, que nous avançons, les Alliés persistent à ne nous communiquer aucune information, sur le futur débarquement. De ce fait, les FFL doivent se débrouiller par eux-mêmes, pour envisager les différents scénarios.

Le BCRA, confie au capitaine Ferdinand Otto Miksche*, au sein du 3e bureau, le soin d'établir un plan général des différentes possibilités d'invasion. Miksche, né à Teschen le 11 avril 1905, devient officier de carrière de l'armée tchécoslovaque en 1929. Après l'invasion de la Tchécoslovaquie en 1938, il se réfugie en France.

Écrivain militaire réputé, admirateur de la langue de Molière, il rejoint la France Libre en 1943. Au bloc planning du 3ᵉ bureau, il établit un plan d'invasion avec quatre situations possibles : l'opération A « Escaut-Somme », couvre un territoire allant de la frontière belge au Tréport, l'opération B « Normandie-Bretagne », va du Havre à Saint Brieuc, la C « Aquitaine » s'étend de Bordeaux à Biarritz, enfin le D « Méditerranéenne » se déploie de Sète à Toulon. *(Globalement ces quatre opérations, reprennent à peu de choses près « Fortitude », pour le A, « Overlord » pour le B et le débarquement en Méditerranée, pour le D. Seul le C, va rester lettre morte.)*

Dans son rapport, Miksche indique que seul un débarquement entre Escaut et Somme, ou entre Seine et Cotentin, avec une éventuelle opération en Méditerranée, pourrait faire du sens et déboucher sur un succès décisif. Il insiste ensuite, pour que l'action militaire de la résistance, s'échelonne dans le temps et dans l'espace, pour pouvoir suivre la progression des armées alliées. Partant du principe, que la bataille va durer des mois, il divise en trois le type d'action pour la résistance. Dans les 15 premiers jours, les plans de sabotage viseront à perturber, les transports, les transmissions, ainsi que les ravitaillements. Suivra, une campagne de plusieurs mois, plus massive sur les sabotages, tout en restant dans la clandestinité. La dernière phase, permettra l'entrée en action des maquis pour la campagne de France.

Pas rancunier, le BCRA envoie cette étude pour alimenter la discussion avec les Alliés. Le BCRA, adresse également à chaque Direction Militaire Régionale (DMR) une synthèse adaptée à son territoire. Pour exemple, Gilbert Grandval*, responsable de la région C (Aquitaine), reçoit une demande d'action clandestine et prolongée de sabotage, sur les voies ferrées et les routes stratégiques, pouvant servir de zone arrière, des troupes allemandes.

Paris 21 février 1944, 22 membres du Groupe Manouchian, dont le leader Missak, sont passés par les armes au Mont Valérien. Une parodie de procès s'est déroulée deux jours plus tôt à l'hôtel Continental. Il s'agit du point final aux arrestations commencées le 16 novembre dernier, à la suite de filatures.

Les allemands, en profitent pour exploiter le procès, dans une grande campagne de publicité. 15 000 exemplaires d'une affiche rouge, comprenant le visage de dix accusés, côtoyant des photos de cadavres et de train renversé avec des titres chocs « Des libérateurs ? La libération par l'armée du crime ! » sont édités.

(Mélinée Manouchian, l'épouse de Missak échappe à la police. Dans une émission télévisée diffusée le 14 juin 1985, elle accuse directement le PCF de l'époque, d'avoir lâché voir vendu le Groupe Manouchian...)

Chapitre 22 : Premiers pas vers la liberté.

Pierre Brossolette, doit rentrer pour Londres. Le 3 février 1944, après plusieurs tentatives par avion sans succès, il décide d'embarquer par bateau d'un petit port bigouden. La pinasse « le jouet des flots », doit le conduire jusqu'à une frégate britannique en haute mer, au large de l'Île de Sein. La frêle embarcation, victime d'une voie d'eau, et du mauvais temps, s'échoue à Plogoff. Les rescapés, sont récupérés par un groupe de résistants, mais tombent sur un barrage de routine en arrivant à Audierne. Ils sont arrêtés séance tenante, pour être amenés à la prison Jacques Cartier de Rennes.

Plus d'un mois se passe, avant que Brossolette et Bollaert ne soient identifiés. Puis le 19 mars, ils sont transférés, au quartier général de la Gestapo à Paris où les deux prévenus sont torturés. Trois jours plus tard, Pierre Brossolette, profite d'un moment d'inattention de son gardien, pour sauter mains menottées par une fenêtre, du 4e étage de l'immeuble du 84 avenue Foch. Gravement blessé, il succombe vers 22 heures à l'hôpital de Salpêtrière, où il avait été transporté. Ainsi disparaît à 40 ans, le troisième plus haut responsable de la résistance française.

Slapton Sands dans le Devon, au sud-ouest de l'Angleterre, le 31 mars, le 7e corps américain, sous la direction du général Lawton Collins, répète les manœuvres du futur débarquement. Le site n'a pas été choisi au hasard, sa ressemblance avec les plages du nord de la France, semble donner une indication. La répétition de l'opération « Beaver », commence par le parachutage de troupes aéroportées et un bombardement naval, suivis d'un débarquement par péniches. La répétition, tourne au fiasco par un manque de coordination des unités. Les responsables, doivent lancer une enquête interne la semaine suivante, pour en comprendre les causes.

Les jours passent, le 5 avril, les îles britanniques semblent isolées du reste du monde. La tension, se fait de plus en plus forte dans l'ensemble du pays, au fur et à mesure, où l'on avance de la date fatidique de « la grande invasion ». Les permissions des militaires sont suspendues, les restrictions des communications, courriers, téléphone, sont contrôlées à l'extrême. Aucun renseignement sensible, n'a pour l'instant filtré, même si nous sommes passés près du clash à plusieurs reprises. Par exemple, un officier de haut rang, de la promotion d'Eisenhower à West Point, s'est vanté de d'être certain de connaitre la date du débarquement, au cours d'une réception au Claridge. Renvoyé sur le champ aux États-Unis, il est dégradé par la suite. Le Général Patton, lui-même, fait également une bourde, en se laissant aller à quelques confidences au cours d'une soirée. Compte tenu qu'il est une des pièces maîtresses d'Overlord, il n'y aura pas de suite. Autres indications, les bombardements au quotidien des défenses côtières, des voies ferroviaires par les alliés en France et en Belgique, sont le signe d'une invasion imminente.

De mon côté, je suis toujours plongé dans la composition de mes équipes pour les opérations « Sussex-Proust », lorsque que je reçois un câble en provenance de Duke Street, avec les signatures communes de Passy et Manuel. Prière de vous présenter au siège du BCRA, lundi 24 avril à 10 heures.

Le fait que le message ne contienne pas le moindre ordre du jour et une double signature, ne manque pas de m'intriguer.

J'ai organisé mon déplacement, avec une voiture de service, pour ne pas me pointer en retard. Il est 9 h30, l'ambiance me parait bizarre, Manuel, chose inhabituelle, fait le briefing hebdomadaire à la place de Passy. Je passe par le bureau de Jacqueline Girard, qui se montre peu souriante et me lance un simple : « Bonjour Pierre, il t'attend » ! J'ai devant moi un Dewavrin fatigué au traits tirés : « Ah Pierre, asseyez-vous ! »

Il me tend un courrier en date du 20 avril, estampillé « Très Secret ». Il s'agit d'un message du Général Koenig au général De Gaulle. « Premièrement : En dépit des efforts du Foreign Office, le procès Dufour ne peut plus être retardé. Cela va rendre, la position de Passy impossible ici. Deuxièmement : En raison du rôle important, qu'il joue dans ma nouvelle organisation, je désire vous demander de reconsidérer votre décision et d'autoriser les officiers cités dans le procès (sauf vous-même naturellement) à être présents à l'audience. Troisièmement : S'il est clair que la France, personnifiée par vous, ne peut pas se défendre contre un chantage de grande envergure, en revanche il serait regrettable que d'autres officiers, ne relèvent pas le défi. Cela serait vraiment contraire à nos intérêts et je le répète, me priverait inévitablement des services du colonel Passy. »

- Je suppose, qu'il est encore trop tôt, pour avoir un retour du général De Gaulle ?

- Nous essayons d'avoir un contact à Alger avec lui, mais je ne me fais pas d'illusion, sa réponse sera non !

- Quelle autre option ?

- J'ai pris un certain nombre de dispositions, pour protéger le BCRA ! Je me mets en retrait quelque temps et Manuel (*devenu Lieutenant-Colonel*) prend ma place ! Il devient votre supérieur hiérarchique !

- Que devient mon activité actuelle sur « Praewood House » ?

- Vous restez à la disposition de Remy ! Mais il s'agit de prévoir désormais votre future mission d'après débarquement ! Je vous ai fait venir essentiellement pour ça aujourd'hui !

- Je vous écoute mon Colonel ?

- Vous choisissez actuellement, les équipes qui entrent au fur et à mesure dans les opérations « Sussex-Proust » ! En conséquence, vous êtes la personne la mieux placée, pour coordonner leurs actions après le débarquement !

- Sans doute, et concrètement je peux en savoir un peu plus ?

- Nous avons une idée sur votre future localisation ! Vous serez positionné à l'intersection des opérations Escaut-Somme et Normandie Bretagne, sur un territoire que vous connaissez bien la Normandie ! Pour les détails vous verrez plus tard avec Manuel !

En quittant le bureau de Passy, je croise André Manuel qui m'invite à le rejoindre dans le sien :

- Passy a dû vous faire un topo de la situation ?

- Oui, je ne l'ai jamais vu dans pareil état !

- Il y a de quoi ! il essaye de ne rien laisser paraître, mais les événements le minent de l'intérieur ! Je suppose que vous êtes au courant pour Brossolette ?

- Oui, heureusement, que le débarquement ne va pas tarder, sinon bientôt les allemands, vont finir par décapiter totalement la résistance !

- D'où l'importance de votre mission après « Overlord » ! Répertorier les agents encore actifs sur le territoire et travailler en réseaux avec eux !

- Le tout maintenant, est de savoir à quel moment je vais pouvoir agir ?

- À l'heure actuelle je ne peux pas vous en dire plus ! Nous ne savons pas la date du débarquement, ni la certitude du lieu en Normandie ou ailleurs ?

Le soir, me voilà de retour à « Praewood House ». Je retrouve naturellement Rémy, qui avait été mis au courant par Manuel des dernières évolutions au BCRA. Il fait même partie avec Manuel des personnes, chargées d'essayer de convaincre De Gaulle, de laisser témoigner les personnes concernées au procès Dufour.

Ce même 24 avril, Philippe Pétain, absent de la capitale depuis quatre ans, « parade à Paris ». Il s'adresse en grand uniforme de Maréchal, depuis le Balcon de l'hôtel de ville à une foule venue l'acclamer. Il s'ensuit une messe à la cathédrale Notre Dame, donnée par le cardinal Suhard, devant un parterre d'autorités allemandes.

Le 6 mai, se déroule l'acte 2 des répétitions du débarquement en France. Il s'agit de gommer les imperfections constatées, lors du premier acte au même endroit à Slapton Sands, Devon, le 31 mars dernier. L'opération « Fabius », doit durer 5 jours et regroupe des forces militaires, américaines, anglaises et canadiennes. Le résultat est jugé satisfaisant, toutefois le général Norman Cota* émet quelques réserves. « Pendant le débarquement réels, les petites fautes constatées, risquent de s'amplifier et peuvent entraîner des incidents plus sérieux ! Si les péniches, ne sont pas lancées aux moments prévus, il y'aura des troupes à de mauvais endroits, avec la possibilité pour l'ennemi de contenir notre assaut ! Il faudra à ce moment, garder la tête froide ! »

Le 13 mai, alors que les Alliés, piétinent depuis un moment sur le front italien, les troupes du Maréchal Juin, font sauter le verrou de la 71ᵉ division allemande sur le Monte Cassino, après des combats acharnés et terriblement meurtriers. Une brèche de 25 km de large, sur 12 km de profondeur, permet de pénétrer la ligne « Gustav ». La marche sur Rome est désormais ouverte.

Bien que toujours à « Praewood House », Rémy et moi, somment informés régulièrement des informations transmises par Alger. Le 16 mai le Général de Gaulle, valide les plans d'action du BCRA pour la résistance le jour J. Le plan « vert », vise le sabotage des lignes ferroviaires, le « bleu » les installations électriques, le « violet », les transmissions. Le plan « Bibendum » *(hommage aux cartes Michelin)*, s'efforce d'empêcher l'envoi de renfort. Néanmoins, nous sommes encore dans le flou.

Le BCRA, n'a aucune certitude sur l'état d'avancement de la préparation, sachant que dans la zone Nord, rien n'a été mis en place et que le manque de matériel se fait cruellement sentir, pour une bonne exécution.

La veille s'est constitué à Alger, le Gouvernement Provisoire de Libération Nationale (GPRF). Cette décision vise essentiellement « à baliser le terrain », avant la libération du territoire et pour peser sur les décisions américaines, en vue de gérer la France comme un pays vaincu, dépourvu d'état.

Fin mai, les bombardements s'intensifient sur la France. Le 31, la RAF bombarde pour la 5e fois consécutive entre Calais et Boulogne. La propagande de Vichy, en profite pour exploiter la situation. Le Maréchal Pétain, rend hommage aux victimes des raids aériens. La presse collaboratrice, comme « l'Œuvre » ne manque pas de s'engouffrer dans la brèche en publiant : « Les massacres continuent, plus de 12 000 morts au compte des *libérateurs* », avant de détailler le bilan de la Pentecôte, où selon le quotidien, 6000 français auraient péri sous les bombes alliés.

Nous apprenons en dernière minute, que le jour « J » est programmé pour le 2 juin. Mais finalement pour des raisons de pleine lune, indispensable pour les parachutages, les conditions optimales sont entre le 5 et le 7 juin. Je suis convoqué le lundi 5 juin, par Manuel au BCRA à Londres.

L'effervescence, bat son plein dans les bureaux de Duke Street, le briefing hebdomadaire est même suspendu. Comme d'habitude, je me rends dans un premier temps, dans le bureau de Jacqueline Girard :

- Passy, n'est pas là ?

- Salut Pierre, non pour Passy, mais Manuel t'attend, au bloc planning !

Je m'y rends sur le champ, la salle est transformée en véritable ruche, dans un bourdonnement d'abeilles :

- Je suis là mon colonel !

- Oui, bonjour Pierre, allons dans mon bureau ! Nous pourrons au moins nous entendre ! Finalement c'est pour demain, les conditions météo sont trop mauvaises aujourd'hui !

- Je suppose que je vais changer d'emploi ?

- Oui, votre mission à Praewood House est terminée, nous avons besoin de vous ici ! Comme vous le savez 44 équipes mixtes franco-alliées, participent actuellement aux différents « plan de couleurs », dans le cadre des missions Jodburgh et Sussex ! Je souhaite que vous supervisiez les transmissions radio-cryptées à Duke Street ! Vous pouvez vous y mettre dès maintenant !

En rejoignant les planificateurs, je me rends compte de l'urgence. Il se passe exactement le contraire, de ce que le BCRA avait mis en œuvre. Au dernier moment, Eisenhower essaye d'augmenter ses chances et tourne le dos à la stratégie élaborée, pour faire entrer progressivement la Résistance dans le combat. Nous transmettons les ordres, pour un déclenchement immédiat de tous « les plans de couleurs » en même temps.

À 16 heures, les dés sont jetés, la Résistance est prête à donner l'assaut. Nous avons les premiers retours sur les sabotages, en début de soirée. Je vais passer la nuit avec les « radio-crypter ». Dès minuit, les premiers parachutistes de trois divisions aéroportées anglo-américaines, sont largués sur le Cotentin et à l'Est de l'Orne. Un quart d'heure plus tard, six planeurs britanniques se posent près du canal de Caen, le détachement a pour objectif de s'emparer des ponts. 1h45, nous décryptons un message, du général allemand Marcks* qui déclenche l'alerte d'invasion. 2h40, en réponse de son QG von Rundstedt, estime que ces parachutages ne sont qu'un leurre, pour couvrir la véritable action sur Calais. 5h00, L'information est transmise à Berchtesgaden, Jodl tire la même conclusion que von Rundstedt, et refuse de réveiller le Führer. 5h50, 700 navires commencent à pilonner la côte normande. 6h30, quelques bonnes âmes, nous apportent du thé, du café et de quoi nous restaurer. Une minute plus tard l'info tombe, la 4e division américaine débarque à Utah Beach, 2 km plus au sud du point prévu.

Les 1ere et 29e divisions font de même à Omaha Beach. 7h30, Les 3e et 50e divisions britanniques sont à Gold et Sword, pendant que la 3e division canadienne, se trouve à Juno.

9h00 sur Ouistreham, les 177 commandos marins de la FFL du commandant Kieffer passent à l'action, pour prendre le blockhaus du casino de Riva-Bella. C'est aussi le moment que choisit Hitler pour se réveiller.

La réaction allemande tarde. Le Führer, ne transmet qu'à 16h55 l'ordre au QG de la Roche Guyon, d'anéantir la tête de pont ennemie avant minuit. Les différents bilans, nous parviennent au fil de la journée.

Utah Beach, à 8 h30 la 4e division américaine marche déjà vers les villages à l'intérieur des terres. À midi, les ingénieurs ont intégralement dégagé la plage. La résistance allemande relativement faible cède rapidement. Côté américain, le bilan fait état de 197 victimes.

Gold Beach, les combats sont un peu plus durs, mais le premier régiment du Hampshire réussit à investir les blockhaus. En début de soirée, la 50e division d'infanterie atteint la route de Caen à Bayeux.

Juno Beach, les canadiens débarquent plus tard, à la marée montante. Les barges de débarquement sont confrontées par des mines flottantes et des chevaux de frise (*Barrières de défense constituées d'élément en X.*). Trois barges sont touchées, avec seulement deux victimes, les autres hommes parviennent à se libérer des épaves pour lancer l'attaque. Avant la nuit, la 2e brigade blindée, dégage douze passages et les soldats se déploient à Courseulles, au prix de combats intenses. Les patrouilles de chars atteignent Brettonville, en réaction von Rundstedt obtient d'Hitler, l'autorisation d'envoyer la 12e division Panzer.

Sword Beach, deux heures se sont écoulées, après un début confus, tout semble rentrer dans l'ordre. Sept des huit accès vers les terres sont dégagés, les fusillés marins de la France Libre, contrôlent le casino et le blockhaus de Riva Bella. 13h30, Lord Lovat prend Hermanville.

16h00, le bataillon d'infanterie royale du Shropshire, fait la jonction avec lui, puis le régiment de cavalerie du Staffordshire, les renforcent.

En réaction, la 21e division de Panzer du général Feuchtinger passe à l'attaque, mais elle renonce bientôt après la perte de 5 chars sur 24. Les Alliés progressent lentement, un embouteillage de blindés retarde le ravitaillement.

Le véritable problème, se situe sur Omaha Beach. Avant même que les hommes n'accostent, les ennuis commencent. 3 heures du matin, les premières troupes quittent les barges du débarquement. Dix d'entre elles sombrent, entraînant 300 hommes à la mer, heureusement équipés de gilets de sauvetage. Des chars réputés amphibies, coulent comme des pierres. Un tiers de l'effectif des 96 blindés et des 1450 premiers soldats, se voient perdus. Seulement 6 des 16 bulldozers blindés, chargés de dégager la voie, sont opérationnels.

Sur la plage, les rescapés sont cloués au sol, par les tirs nourris des mortiers et des mitrailleuses ennemies. Visiblement, les bombardements en amont aériens et des batteries naval, n'ont pas eu l'efficacité attendue. Pendant des heures, règne une certaine confusion. Comble de malchance, des rangers s'attaquent aux falaises à pic de la pointe du Hoc, aux prix d'une témérité inconsciente, pour constater en arrivant en haut, que les bunkers sont dépourvus du moindre affût de canon.

Dans les postes de commandement et d'observation, nous sommes tous inquiets. Malgré le succès des actions sur les autres plages, si à Omaha, les troupes américaines n'arrivent pas à se dégager, l'opération Overlord risque de tourner au fiasco. Le colonel Taylor*, réussit à galvaniser les hommes effondrés autour de lui. « Bientôt ne resteront sur cette plage, que des hommes morts ou agonisants ! » Le déclic se produit, un petit groupe réussit aux moyens de Bangalore, a placé des charges explosives sous un mur de béton. Après l'explosion, les troupes peuvent enfin s'engager dans la brèche, pour commencer leur progression.

Ma montre indique 21 heures, nous recevons des indications comme quoi, les combats cessent provisoirement sur la ligne de front. Je me penche, pour faire le point de notre côté.

Au cours des dernières 24 heures, nous avons le retour de près de 500 coupures de voies ferrées réussies et de 180 déraillements. Vers 23 heures le couple Jean Martin, Jacqueline Girard, me rejoint au planning :

- Pierre, depuis 36 heures tu n'as pas dormi ! Nous t'emmenons au lit !

Au même moment nous captons une conférence d'Hitler en provenance de Berchtesgaden. Le Führer reste persuadé que les débarquements alliés de ce jour, restent une diversion.

Nous sommes le 6 juin 1944, je viens de me souvenir, que ma petite Marie souffle sa première bougie...

Chapitre 23 : Retour sur la mère patrie.

Mercredi 7 juin 1944, j'ouvre un œil, ma montre indique 14 heures, personne n'a osé me réveiller. Je prends une douche froide rapide, histoire d'avoir les idées claires et je me pointe à la cuisine pour ne pas partir le ventre vide. Trente minutes plus tard, je traverse la rue pour me rendre au 10 Duke Street. Je tombe sur Manuel tout sourire : « Alors Pierre, la grasse matinée a été bonne ? » Je me contente de sourire à mon tour, avant de rejoindre le planning.

L'ambiance, tout aussi studieuse que la veille, se montre beaucoup moins tendue. Drout m'a remplacé pendant mon repos et me propose de faire un point. « Le plan « Fortitude », pour l'instant marche à 100%, les allemands croient dur comme fer que les alliés se préparent à un deuxième débarquement sur Calais. La nuit dernière, la RAF a rajouté à la confusion, en larguant des Windows *(bandelettes métalliques, destinées à brouiller les radars ennemis),* pour faire croire qu'une puissante flotte se dirige vers Le Havre et Boulogne. Du coup, pour l'instant les Panzers ne prennent pas la direction de la Normandie et la 5e armée reste stationnée au nord de la Seine. » Pour « Overlord », nous avons eu l'information à l'instant, que la 50e division britannique, vient de prendre Bayeux intact, une piste d'aviation va être aménagée.

- Que des bonnes nouvelles en sommes ?

- Oui, enfin presque ! Sur le plan politique, De Gaulle refuse de céder aux alliés ! Il a rencontré Churchill, pour s'élever contre le projet d'administration alliée en France, après la libération ! Il dénonce la mission l'Amgot *(administration militaire alliée des territoires occupés)* !

- Ah oui, et comment Churchill a-t-il réagi ?

- Il lui aurait dit : « Chaque fois qu'il faudra choisir entre l'Europe et le grand large, nous serons toujours pour le grand large » ! Ils se sont ensuite retrouvés chez Eisenhower, qui a soumis à De Gaulle, un projet de communiqué qu'il proposait de diffuser à la BBC et sous forme de tract pour la France ! De Gaulle l'a jugé inacceptable ! Il a exigé, de pouvoir s'adresser aux français par message radio diffusé ! Voilà où nous en sommes ! *(Finalement les revendications de De Gaulle, seront acceptées. Le général, parlera à la radio à l'heure de son choix, seul sans être précédé, ni suivi, d'aucun autre chef d'État ou de gouvernement.)*

Le lendemain, nous avons un nouveau bilan concernant la résistance. Les maquisards de Romans-Petit, dans le cadre du « plan vert », ont détruit 98 locomotives en deux jours, dans l'Ain et le Haut-Jura. À la prise de Port en Bessin par les britanniques, les têtes de pont de Gold et Omaha, ont pu effectuer leur jonction.

Samedi 10 juin, les premiers ports préfabriqués « Mulberry », installés aux larges des plages permettent de débarquer 326 000 hommes, accompagnés de plusieurs milliers de véhicules. Gold Beach, a été débarrassé de 900 tonnes d'obstacles et d'objets divers, installés par les allemands, pour retarder l'avancée des Alliés. Si à certains endroits, la progression se fait plutôt sans difficulté, vers Caen les canadiens font face à la 12e division blindée SS « Hitlerjugend ». Des nazis fanatiques, commandés par un colonel de 33 ans Kurt Meyer*, sont prêts au sacrifice suprême.

Le poste de commandement canadien, un moment encerclé, finit par se dégager en neutralisant six panzers. Pour leur part les américains sont confrontés à une résistance inégale de régiments de la Wehrmacht, composés uniquement de soldats russes, polonais ou serbes, sans encadrement allemand. Les troupes allemandes résistent le mieux à hauteur de Cherbourg, des champs ont été inondés, afin de ralentir de ralentir la progression des GI'S.

Je profite d'un moment de répit, pour prendre connaissance de la presse française, datant d'il y'a deux jours. « Le Matin » explique que l'ennemi est clairement désigné, parlant de l'envahisseur anglo-américain.

Selon le quotidien, les assaillants essuient une série de revers et la plupart de leurs têtes de pont, seraient déjà évacuées. Même son de cloche, pour « Le Petit Parisien », donnant des informations du front de Normandie faisant la part belle « aux succès allemands ». Le parti populaire de Jacques Doriot se déclare solidaire des « combattants européens » qui vont devoir refouler l'invasion. Dans son journal « Le cri du Peuple », il va encore plus loin en comptabilisant des pertes Alliées imaginaires et en expliquant que la résistance allemande, se renforce considérablement.

Le manque d'information n'est pas toujours rassurant. Nous n'avons plus de nouvelles de Marcel Brochard* (alias Charot) et Jean Lart* (alias Tral), associés pour une mission sur Amiens. Le contact radio a été rompu. Le traditionnel briefing du lundi, se réduit à sa plus simple expression. Manuel réunit Lecot, Rémy qui nous a rejoint et moi. Il nous signale, que le Général doit débarquer en France, dans deux jours le 14 juin, à l'aide du contre torpilleur « La combattante ». Je l'interroge sur l'absence de Passy. Toujours hanté, par l'affaire Dufour, il me répond que le colonel, est détaché comme chef d'état-major du général Koenig. Curieusement, ce dernier doit accompagner De Gaulle sur « La Combattante » sans Passy. J'ose alors une question :

- Et pour nous, notre retour est-il déjà programmé ?

- N'y comptez pas dans l'immédiat ! Vous avez encore du travail, ici à Duke Street ! Il faut aussi, que la situation se stabilise en Normandie !

Stabiliser la situation en Normandie c'est bien, mais nous sommes presque tout aussi exposés à Londres. Faute de pouvoir bombarder la capitale britannique avec la Luftwaffe, les allemands répliquent avec leurs V1.

(Le V signifie Vergeltung, que l'on peut traduire par représailles). Les premières attaques commencent le 13 juin, tuant au passage 18 personnes et faisant 166 blessés. Le 16 juin, 73 bombes volantes tombent sur la capitale, 24 personnes décèdent dans un pub.

Les conséquences, principalement à cause du souffle, peuvent se propager jusqu'à 250 mètre du point d'impact, d'un engin difficile à neutraliser à 630 km/h.

Les intellectuels collaborationnistes sentant le vent tourner, prennent leurs précautions en quittant le territoire français. L'écrivain Céline, avec sa femme Colette, et leur chat « Bébert » saute dans un train gare de l'Est pour Baden-Baden. Il précède ses amis, l'acteur Robert Le Vigan et le journaliste Jean Luchaire, qui croient encore à une victoire du Reich. Drieu La Rochelle, semble plus lucide, en titrant « la fin des haricots ».

Le 18 juin, la 9ᵉ division américaine atteint Carteret, sur la côte ouest du Cotentin, isolant au passage 4 divisions allemandes. Au même moment, une tempête de force 8 détruit le port Mulberry, mis en place par les américains à Omaha Beach. Le 20, le 7ᵉ corps américain libère Valognes, son avant-garde atteint les faubourgs de Cherbourg.

Les messages des DMR, deviennent parfois inquiétants. Globalement ils se plaignent de ne pas recevoir suffisamment d'armes et de munitions en provenance de la FFL, pour continuer leurs actions de sabotages. Huit jours plus tôt, nous avions reçu une note du général Koenig, confirmant notre impossibilité dans l'immédiat, de leur expédier plus de matériel.

La résistance, reste toujours mobilisée et motivée. Le 28 juin à Paris, Philippe Henriot, secrétaire d'État à l'information de Vichy, en fait les frais. Un commando de résistants habillés en policiers, s'introduit dans le quartier général du ministère. Henriot est abattu devant les yeux de sa femme. Vichyssois de la première heure, le rémois reste avant tout, l'éditorialiste et la voix de Radio-Paris.

Ses cibles principales, les Alliés et les résistants qu'il traitait régulièrement de « lâches, d'assassins et criminels ». Pierre Laval, l'avait appelé dans son gouvernement en janvier 1944.

Fin du mois de juin, les alliés ont conquis Cherbourg, la ligne de front s'étend désormais de Caen à Carentan en passant par Caumont. Les prochains objectifs pour ce début juillet, sont les villes de St Lo et Coutances au sud du Cotentin.

De notre côté, nous mobilisons la DMR de « l'opération D » de Miksche. En Italie, Sienne vient de tomber aux mains des alliés, lors d'un assaut mené par les troupes algériennes du corps expéditionnaire français. Il n'y a pas de temps à perdre, la 3e division algérienne prend la route pour Naples, afin de s'embarquer à destination de la Provence. La 4e division marocaine, s'active pour faire route vers Florence, pendant que la 5e armée américaine, est sur le point d'encercler Livourne. Une fois ces opérations terminées, la majorité de l'effectif, sera affectée au débarquement en Provence.

La milice, tire ses derniers feux en exécutant Georges Mandel le 7 juillet en Forêt de Fontainebleau. Les miliciens après avoir accompli leur forfait, maquillent l'assassinat de l'ancien ministre de l'Intérieur de Paul Raynaud en mai 1940, en « attentat terroriste ». Marqué du « fer rouge » par les nazis, pour avoir refusé l'armistice, il personnifiait la résistance. Arrêté le 17 juin 1940 à Bordeaux, il est livré aux allemands à l'envahissement de la zone libre, en novembre 1942. En mai dernier, il est rapatrié et interné à la prison de la Santé. Joseph Darnand, responsable de la police, donne ensuite l'ordre de le faire disparaître.

En Normandie, dans cette première quinzaine de juillet les combats se font de plus en plus violents.

Les alliés piétinent, face à une résistance allemande qui a été considérablement renforcée, par les divisions de Panzer descendues du Nord de la France. Le 18 juillet Saint- Lô semble sur le point de tomber, « la bataille du Bocage » a coûté la vie à 5000 victimes du côté des Alliés. Il a fallu 12 jours ; pour avancer de seulement 11 km, au milieu des haies touffues du bocage.

Au 20 juillet, la situation n'est pas très claire sur Caen. Dempsey*, commandant les troupes anglo-canadiennes de la 2e armée, a tenté de percer, dans le cadre de l'opération « Goodwood », les défenses allemandes au sud de Caen. La perte de 400 chars, et de plus de 5000 hommes, l'oblige à renoncer.

La contre-offensive de la 1ere division de Panzer, composée de 80 chars Panther et Tigre du général Sepp Dietrich*, stoppe la progression Alliée à la tombée de la nuit.

Ce même jour à Rastenburg, dans « la tanière du loup », Hitler est victime d'un attentat à l'explosif. Le colonel Claus von Stauffenberg, auteur de l'agression, pense à tort, que le Führer, n'a pas pu y réchapper. La prise de pouvoir des conspirateurs, orchestrée par le général Ludwig Beck, ancien chef d'état-major des armées, n'a plus qu'à se mettre en place. Carl Goerdeler*, ancien Maire de Leipzig doit prendre la place de chancelier, avec Wilhelm Leuschner* ex-syndicaliste, comme vice-chancelier. Ulrich von Hassel*, ambassadeur à Rome avant-guerre, devant s'occuper du ministère des affaires étrangères.

Hélas, légèrement blessé, les deux tympans percés, le bras droit temporairement paralysé et avec quelques brûlures aux jambes, il ne faut que quelques heures à Hitler, pour se rendre compte de l'étendue du complot. Pour montrer qu'il tient bien toujours les rênes du pouvoir, le Führer s'exprime quelques heures plus tard sur les ondes radio et s'affiche ostensiblement avec son vieux complice Benito Mussolini.

Le 31 juillet, alors que les alliés piétinent toujours sur Caen, après cinq jours de combat les américains réussissent à conquérir Avranches.

L'offensive de Bradley, baptisée « Cobra » permet d'ouvrir la route sur la Bretagne. Les allemands ne restent pas inactifs, reprenant le plateau du Vercors, place forte de la résistance française. La tête de pont dauphinoise, ne pourra pas être la base offensive espérée.

Eugène Chavant du mouvement « Franc-Tireur », chef civil du maquis du Vercors, nous fait parvenir le câble suivant avec une copie pour Alger : « Les responsables Français et Alliés, ne nous ont fourni aucune aide, ils devront répondre devant les populations, de leurs actes lâches et criminels ! »

Jeudi 3 août « Pallas », me fait appeler à son bureau :

- Grenelle, les choses bougent !

- C'est-à-dire ?

- Passy, sera parachuté en Bretagne dans la nuit du 4 au 5 ! De notre côté, j'ai bon espoir, que nous rejoignons, la France d'ici une dizaine de jours !

- Dans quelles conditions ?

- Après le débarquement en Provence, notre activité au niveau de la communication et du planning, n'aura plus lieu d'être sur Duck Street ! Par contre de votre côté, vous allez vous retrouver avec une nouvelle affectation !

- D'après le dernier entretien que j'ai eu avec Passy, je devais avoir un rôle charnière avec « les Sussex » du côté du Tréport ?

- Ce n'est plus d'actualité ! Rémy a rejoint, le général Koenig comme officier de liaison, à la place de Passy, vous devrez le seconder !

Cette nouvelle totalement inattendue, me comble. Je vais pouvoir enfin agir, au milieu d'un état-major au plein cœur de l'action. J'ai hâte de m'y retrouver.

En attendant, il faut s'occuper du quotidien. Dans la nuit du 6 au 7 août, les « Jedburgh », l'opérateur radio américain Lewis Goddard*, le capitaine anglais John Cox*, chef de mission, et le lieutenant français Robert Colin*, sont largués au sud de Saint Amand pour soutenir les maquis du Cher. Au total, 92 missions seront effectuées par les Jedburgh, dont sept associent des hommes des trois nationalités.

La 3e armée du général Patton, avance plus vite que prévu en Bretagne. Le 5 août, les blindés progressent au point de perdre le contact radio avec leur QG divisionnaire. En cinq jours, l'avant-garde atteint Lorient, après une étape à Rennes. D'ici 24 heures, des unités devraient arriver aux portes de Brest.

Pour la première fois depuis le début de la campagne de France, les résistants se battent aux côtés des troupes régulières.

Le lendemain, les américains attaquent Dinard, avancent sur Lorient et Le Mans, pénètrent dans Mayenne et Laval. Les armées du Reich perdent « la bataille de l'Ouest », ce n'est plus qu'une question de temps. Le 11 août, la 2e DB du général Leclerc, équipée de 240 chars et de 16 000 soldats, prend Alençon, sans combattre. La route vers Paris, semble s'ouvrir. D'autant que dans la capitale, les cheminots viennent de se mettre en grève, paralysant le réseau ferroviaire dans son ensemble.

Le nouveau commandant du « Gross Paris », le général Dietrich von Choltitz, nommé fraîchement par Hitler avec les pleins pouvoirs, a du mal à maintenir l'ordre. Un militant communiste, le colonel Henry Rol-Tanguy, orchestre la résistance sur place. Signe de confiance de l'évolution positive de la situation, Eisenhower, déplace son QG de Londres à Granville. Dans un dernier sursaut, Hitler donne l'ordre à von Kluge, de lancer une contre-offensive sur Avranches. L'opération « Luttich » se transforme en feu de paille. Les Panzer de Hausser, après avoir repris Mortain, sont cloués au sol par l'aviation américaine.

La seconde grande invasion tant attendue, commence le 15 août. 8 heures du matin, l'opération « Anvil-Dragoon » *(Enclume-Dragon)* commence, ouvrant un deuxième front sur les plages de Provence. Trois divisions du 6ᵉ corps de la 7ᵉ armée du général Lucien Truscott* forment la « première vague », immédiatement suivies par un détachement de l'armée du général De Lattre. Les français sont sous les ordres du général Alexander Patch mais le Roi Jean (Surnom de De Lattre de Tassigny) prendra le relais dès que le second corps sera engagé

La bataille commence, par un tir de barrage d'artillerie de six cuirassés et vingt et un croiseurs, prenant les allemands totalement au dépourvu. La résistance et les commandos français du général Sudre*, s'assurent les têtes de pont entre Saint Tropez et Cannes de l'objectif « Ligne Bleue ». Les alliés, perdent 320 hommes sur les 400 000 engagés, les forces françaises taillent leur route pour Marseille et Toulon.

Jeudi 17 août, « Pallas » vient me chercher au planning :

- Grenelle, nous embarquons demain pour la France dans un bâtiment de guerre britannique !

L'émotion me brise, je suis incapable d'articuler le moindre mot, sans doute pour avoir trop attendu cet instant.

Le lendemain, la température et le ciel ne sont pas des plus cléments. Néanmoins, nous sommes à quatre sur le pont du croiseur HMS Glasgow, à prendre l'air du grand large, telle une bouffée de liberté. Outre Manuel, engoncé dans une veste de cuir, le capitaine Raymond Landrieux* responsable administratif du BCRA est vêtu tout comme moi d'un imperméable. Je retrouve avec plaisir le Commander Kenneth Cohen, dont j'ai fait la connaissance, lors de mon séjour à « Praewood House ». Avec son flegme « so british, » dans son battle dress, il reste parfaitement imperturbable face aux embruns. Soudain nous distinguons la côte française. Le navire accoste par la Darse des Mielles, une petite rade située à l'Est de Cherbourg, près de la gare maritime, le port militaire se situant plus à l'Ouest.

Je découvre pour la première fois, un drôle de véhicule nommé Jeep destiné à nous transporter. Je dois faire le chemin avec Landrieux, pendant que Manuel et Cohen prennent une autre direction. La ville, porte les stigmates de combats particulièrement violents. La base de Schnellboote *(Vedette rapide)* ainsi que la chapelle de l'arsenal sont partiellement détruites. Au-dessus de nous, le Fort du Roule, ancienne garnison des troupes allemandes, est aussi dans un triste état. Par contre les casemates batterie bastion de l'arsenal, ont bien résisté aux obus d'artillerie et aux bombes de l'aviation Alliée. Je pose la question à notre chauffeur :

- À quel endroit allez-vous nous amener ?

- À Bonnétable, dans la Sarthe près du Mans ! Nous allons faire quelques détours, pour éviter les foyers de résistances résiduels allemands sur Falaise !

- À combien estimez-vous le temps de parcours ?

- Nous devrions faire 300 km, au pire 5 heures, j'espère !

Nous arrivons en fin d'après-midi, je n'ai plus qu'une obsession, trouver un téléphone pour pouvoir prévenir ma famille…

Épilogue : Règlement de compte.

Nous atteignons à 17 heures le château de Bonnétable, superbe manoir, dont la construction s'étend du XVe au XVIIIe. Manuel déjà présent nous accueille. :

- Passy et Rémy, doivent arriver demain matin de Rennes, nous ferons une réunion pour déterminer de la suite ! je le relance

- Avez-vous des nouvelles du front ?

- Leclerc et sa 2e DB sont à quelques kilomètres d'ici ! Ils attendent les ordres ! La 3e armée de Patton est sur le point de traverser la Seine, ils sont à moins de 90 km de Paris !

- Je voudrais essayer de joindre ma famille ! Puis-je donner un coup de fil mon colonel ?

- Vous avez quartier libre, jusqu'à demain matin.

Aussitôt dit aussitôt fait, je me précipite vers le standard, pour donner le numéro de téléphone du garage de mon père. La standardiste, finit par m'avoir une ligne. Je tombe sur Maurice le comptable.

- Maurice, Pierre Malet à l'appareil, pouvez-vous me passer mon père ? À l'autre bout, Maurice ne semble pas comprendre, j'insiste. « Oui, je suis toujours vivant ! » Un laps de temps qui me semble une éternité, s'écoule.

- Allô fils, à quel endroit te trouves-tu ?

- Près du Mans, tout le monde va bien ?

- Oui nous avons eu hier des nouvelles de Mathilde et de la petite, Jacqueline et ta mère vont aussi très bien !

- Je ne peux pas rester longtemps, les lignes sont très encombrées ! Je serai sur Paris, d'ici une dizaine de jours tout au plus, tu embrasses maman et les filles !

- Juste pour te dire, que les allemands ne vont pas tarder à faire leurs bagages, nous n'avons jamais eu autant de leurs véhicules à réviser !

Il n'a pas le temps de m'en dire plus, la communication est coupée. J'apprécie d'autant le repas du soir, que nous n'avons rien absorbé, depuis notre départ d'Angleterre.

Samedi 19 août, Passy et Rémy arrive en fin de matinée. Manuel nous réunit immédiatement avec Landrieux :

- Dans une semaine j'espère que nous serons à Paris ! Notre priorité va consister à réorganiser, le service de renseignement en France ! Il faut que nous trouvions un immeuble, pour aménager des locaux ! Passy réfléchit.

- L'Hôtel Majestic, serait pas mal, il appartient à l'état et les Boches, y ont installé leur administration depuis 1940 ! Manuel renchérit.

- Bonne idée ! En plus il jouxte avec l'hôtel La Pérouse pour le logement ! Méfions-nous, La bagarre va être rude pour gagner la concurrence de vitesse ! je demande des précisions.

- Comment allons-nous nous organiser ?

- Rémy aux commandes des futurs services spéciaux, avec Landrieux et vous pour le seconder ! Une vingtaine d'officiers, composeront le service, en liaison avec la Task Force (*Force Opérationnelle)* américaine !

- À quelle date partons nous ?

- Nous attendons le feu vert, pour former l'arrière garde de la 2e DB !

Nous avons régulièrement des nouvelles de la résistance sur Paris. Les 20 000 agents de police de la capitale, viennent de se mettre en grève. La préfecture est prise d'assaut, 700 allemands sont capturés.

Le Colonel Rol-Tanguy, arrive à bicyclette pour déclencher l'insurrection générale. Pour toute réaction, les allemands privent la ville de gaz. Au même moment, Patton et sa 3e armée traverse la Seine. Paris n'est plus qu'à 65 km. La poche de Falaise commence à céder près d'Argentan, où sont encore regroupés de nombreux Panzers. Patton, demande à 3 corps d'armée, de faire route vers Chartres et Orléans. Des unités d'avant-garde sont proches de Fontainebleau.

Hitler dans sa paranoïa, persuadé que le Maréchal von Kluge s'apprête à négocier la paix, le démet de ses fonctions de commandant en chef de l'armée de l'Ouest. Poussé à bout von Kluge, se suicide en s'empoisonnant, le Maréchal Walter Model lui succède.

Dimanche 20 août, Philippe Pétain quitte Vichy devant le risque d'encerclement de la préfecture de l'Allier. Contraint et forcé par les allemands de quitter l'Hôtel du Parc, il est transféré sur Belfort. À Paris, Pierre Laval doit le rejoindre, sur injonction de l'ambassadeur du Reich Otto Abetz. La presse collaborationniste, fait aussi ses bagages. Dans le faubourg parisien, le slogan à la mode devient, « c'est plus je suis partout ! c'est je suis parti ! » Le journaliste Lucien Rebatet* et le chroniqueur de Radio-Paris Jean Hérold-Pâquis, font partie des premiers passagers des camions allemands. Robert Brasillach, hésite, puis finit par changer d'adresse le lendemain.

Mardi 22 août, le Général Leclerc et la 2e DB, ont le feu vert pour entrer les premiers dans Paris. Le lourd convoi se met en branle dans le courant de la journée. Sur Le Mans, l'animation est à son comble le général de Gaulle arrive flanqué de Michel Debré commissaire de la république. Jean Louis Costa*, nouveau préfet de la Sarthe, le reçoit à l'hôtel de ville. Nous sommes conviés à le rejoindre, place de la République, à 18 h15.

Le Général prend un bain de foule, au milieu d'une population en liesse. Soudain, il m'aperçoit et fend le flot des personnes, pour se diriger vers moi :

- Heureux de vous revoir capitaine Fixin !

- Moi aussi mon Général ! nous échangeons une brève poignée de main, sous le regard médusé de Landrieux.

Il s'éloigne déjà, accaparé par son entourage. Le soir je reçois un nouveau paquetage. Tenue de combat de rigueur pour le lendemain, avec treillis, rangers aux pieds et casque USM1 à la place de l'Adrian de l'armée française. Bref, rien ne me différencie d'un G'I, si ce n'est l'appellation « France Libre » sur le haut du bras droit.

Départ comme prévu le lendemain, officiers du BCRA avec le colonel Rémy en tête, escorté par une quarantaine de para-commandos de la France libre, chargés de notre protection. Arrivé à la hauteur de Nogent le Rotrou, un officier responsable de la circulation, nous demande d'abandonner la route de Chartres, pour rejoindre celle de Dreux. Nous atteignons la sous-préfecture d'Eure et Loire à la nuit tombante.

Il va nous falloir trouver un gîte pour la nuit d'autant qu'une pluie diluvienne se met à tomber, nous obligeant à bâcher les Jeep à la va vite. En nous rapprochant d'Houdan, nous ne sommes pas tranquilles, l'ennemi ne doit plus être très loin. Rémy se rappelle soudain qu'il possède un ami à La Bonneville sur Iton. Nous passons la nuit chez la famille Ribes*.

Le jour suivant, nous reprenons la route reposés et rassasiés, sous le soleil revenu. En traversant la forêt des Yvelines, Rémy fait arrêter la colonne.

Depuis que nous avons dû abandonner la 2e DB, notre protection se limite à quelques jeeps équipées de mitrailleuses Browning12,7 et d'une section de commandos, armée de mitraillettes Thompson ou de carabines M1. Bref, pas de quoi résister à des chars ou de l'artillerie. Nous repartons en redoublant de prudence, pour arriver sur Rambouillet. Nous apercevons au même moment un Panzer II léger, armé de deux canons de 30 et 38mm.

Alors qu'il a les moyens de nous pulvériser, il fait demi-tour, pensant sans doute que nous sommes l'avancée d'une colonne blindée.

En arrivant au château de Voisins, à Louveciennes, nous découvrons campé dans les jardins, une unité américaine stationnant sur place. Le colonel commandant la Task Force, nous demande d'arrêter notre progression sur Paris en attendant les ordres. La tension est à son comble.

Dans l'après-midi du vendredi 25, nous pouvons enfin repartir, empruntant la G.C 27 par Clairefontaine, Rochefort en Yvelines et le Marais. Tout au long de notre route hommes et femmes, nous attendent pour nous lancer fruits et tomates, manière de nous rafraîchir de la chaleur très lourde. La plupart des végétaux, ratent leurs cibles et au bout d'un moment, je suis couvert de jus de tomate. Heureusement que Passy n'est pas là, j'aurais encore des remarques désagréables sur ma tenue. Des jeunes filles, sautent sur le capot de nos Jeep pour nous couvrir de fleurs. Plusieurs, n'hésitent pas à m'embrasser sur la bouche.

Nous voilà à Longjumeau, la foule de plus en plus dense se manifeste par des cris et des applaudissements, ralentissant un peu plus notre progression. Enfin, c'est l'entrée dans Paris par l'avenue de Montrouge. Le général Dietrich von Choltitz, gouverneur du « Gross Paris », s'est rendu au lieutenant Henri Karcher* de la 2e DB à 14 h 30. À 16 h 00, le protocole de reddition est signé, envoyant aux troupes allemandes l'ordre de cesser toute résistance.

Rémy, nous confirme notre feuille de route, plein gaz pour le 30 rue de la Pérouse dans le 16e arrondissement, afin de prendre l'Hôtel Majestic. Les lieux, sont déjà sous le contrôle du commandant Jacques Massu*, du 2e régiment de Marsouins Il nous explique que les combats ont été brefs, mais d'une très grande violence.

Une cinquantaine d'officiers allemands sont faits prisonniers, ainsi que 300 hommes de troupes. Massu, envoie un petit détachement, pour « nettoyer » le 24 de l'avenue Kleber, immeuble des assurances « l'Abeille », où les derniers irréductibles retranchés résistent encore.

Le Colonel Rémy, certifie à Massu que nous sommes sur les lieux aux ordres du général De Gaulle, pour réinstaller les services spéciaux sur le territoire national. Massu ne fait aucune difficulté, il demande simplement un peu de temps, pour évacuer les prisonniers de l'hôtel

Majestic. Nos quarante commandos, en profitent pour prêter main forte et faire accélérer le mouvement. Demain, nous pourrons commencer à organiser notre travail sur place.

Samedi 26 août, nous commençons, le ménage dans les anciens locaux administratifs du Reich. Bien que beaucoup de papiers aient été détruits par les allemands, nous demandons avec Landrieux aux officiers du BCRA présents, de conserver l'intégralité des documents, pour une traduction et un tri ultérieurs. Rémy de son côté, a rejoint les généraux Koenig et De Gaulle, ainsi que les principaux chefs de la résistance, pour une descente des Champs Elysées et une procession jusqu'à Notre Dame.

La fête est gâchée, faute à des tireurs isolés, restés en liberté, qui effectuent des tirs sporadiques à la hauteur de l'avenue Georges V et de la Concorde. Puis à la hauteur de Notre Dame, un snipper prend pour cible le général De Gaulle. Des FFI, répliquent au jugé sur les tours de la cathédrale. Le général Leclerc demande d'interrompre le tir. Plusieurs personnes sont tuées et on dénombre dans la panique 300 blessés.

Dès la fin de la journée, le standard et la radio de l'Hôtel Majestic sont opérationnels. J'essaye vainement, de joindre mon père au garage et Jacqueline à l'hôpital d'Argenteuil. Le dimanche, nous faisons un premier point avec Rémy dans notre nouveau QG. Paris libéré, les formations alliées redeviennent maîtresses de leur stratégie. Le général Patton, souhaite poursuivre en direction de la Marne, pendant que le Général Montgomery décide de délivrer Anvers, pour pénétrer dans la Ruhr.

L'approvisionnement en carburant, parvient uniquement du port de Cherbourg, son acheminement plus lent que prévu, ralentit fortement la progression des troupes.

Rémy, me charge de de suivre la situation en Normandie, car je connais le mieux la région. Je contacte Henri Bourreau, en retrait sur Rouen et « Maria la Louve » sur Gisors.

Dans la préfecture de la Seine Inférieure, les allemands poursuivent leurs évacuations, sous le feu des bombardements alliés.

1700 véhicules, sont abandonnés, la plupart détruits, sur les quais de la ville. Sur Petit Couronne, un millier de véhicules et 5 000 hommes passent, avant que la rampe d'embarcation, ne soit fortement endommagée.

Lundi 28 août, je réussis afin à joindre mon père au garage. Il me rassure en me disant que Mathilde et la petite, sont bien en sécurité au pavillon de Colombes. Je lui dis, que pour l'instant bien que sur Paris, je suis dans l'incapacité de me libérer pour venir les voir. « Maria » m'appelle de la poste de Tierceville. La 8e Brigade blindée britannique, accompagnée d'un bataillon d'infanterie motorisée et d'un régiment d'artillerie de campagne, s'apprête à faire mouvement pour libérer la vallée de l'Epte.

Paris 30 août, du ministère de la Guerre, le général De Gaulle déclare : « l'État est rentré chez lui ! » De ce fait, Paris passe sous le contrôle du GPRF, le général Koenig dont je dépends indirectement, devient le chef des FFI et gouverneur de Paris. De son bureau des Invalides, il nous confirme que notre mission consiste à intégrer les FFI aux forces régulières, mais la priorité consiste pour l'instant à établir le rétablissement de l'ordre et de la loi. Au même moment, les troupes canadiennes pénètrent dans Rouen, en fin de matinée les britanniques entrent dans Gisors.

Vendredi 1er septembre, Rémy me demande de le rejoindre dans son bureau :

- Bonjour Grenelle, comme vous le savez Alfred Masseret* et Albert Chambonnet* *(responsables des FFI pour la région R 1),* ne sont plus avec nous. Le premier a été tué le 24 juillet dernier, le second arrêté le 27. Depuis début août, Alban Vistel*, alias « Colonel Alban » a pris leur suite avec tous les problèmes de réorganisation que cela peut poser ! Il est actuellement à Gisors, je voudrais que vous le rencontriez pour faire passer le message sur l'intégration de FFI aux forces régulières !

- Je ne comprends pas ! C'est plutôt le boulot d'un DMN *(Directeur Militaire National),* non ?

- Bourges-Maunory* *(adjoint du général Chaban Delmas)*, devait s'en charger, il est blessé, donc indisponible !

- Très bien, je suppose que c'est urgent ?

- Oui, vous prenez rendez-vous le plus tôt possible ! l'avantage, c'est que j'ai un contact déjà sur place avec « Maria la louve ».

Bizarrement, le rendez-vous est prévu, le dimanche suivant à 10 heures, par l'intermédiaire du docteur Morel, directement à l'hôpital de Gisors. Je réussis à prévenir Jacqueline :

- Parfait Pierre, je te propose que nous nous retrouvions à l'hôpital de Chaumont en Vexin avec Mathilde, après ton rendez-vous ! en réfléchissant, je ne suis pas très chaud, mais je finis par céder sous l'impatience de nos retrouvailles.

- D'accord, mais vous venez sans la petite !

- Ne t'inquiète pas, les parents vont s'en charger !

Dimanche 3 septembre, pas de voiture d'état-major disponible, je dois me contenter, d'une Jeep, d'un chauffeur et d'un garde du corps pour faire le déplacement. Je ne suis pas sûr que le lieu de rendez-vous, soit bien propice, l'hôpital regorge encore des blessés des derniers combats, datant de 4 jours et grouille d'activités. Le docteur Morel, prend juste le temps de se libérer une minute, pour m'installer dans son bureau. Je suis ponctuel, mais les résistants se font attendre.

Il est 10h20 quand Marie, Alban Vistel et un autre homme, tous armés et munis un brassard FFI au bras, franchissent la porte du bureau. La louve dépose sa « Sten », avant de me faire une bise au grand étonnement de Vistel. Je propose à tout le monde de s'asseoir avant de prendre la parole :

- Je suppose que vous n'avez pas encore le détail de l'information, mais depuis mercredi dernier, le général De Gaulle a nommé le général Koenig chef des FFI, avec pour but d'intégrer les réseaux de résistance à l'armée régulière ! je regarde les visages qui se figent. Vistel me répond.

- Vous savez Capitaine, tout ça c'est bien joli, mais il ne suffit pas de décréter pour faire ! La résistance, n'est pas une armée régulière, son indépendance a bien permis d'aider les alliés, avant et pendant le débarquement !

- Je sais et je partage votre opinion « Colonel » ! Néanmoins, je pense que nous serons tous d'accord pour dire, qu'à un certain moment, les choses doivent rentrer dans l'ordre ! Quitte à frustrer certaines personnes !

- Selon vous, comment devant nous nous y prendre ?

- Le haut commandement du GPRF, a besoin des chefs de région FFI pour faire passer le message, auprès des résistants ! Je ne vois d'autres méthodes, que de convaincre !

- Bon j'entends bien mais je ne suis en place sur la région que depuis un mois ! Ce n'est pas totalement garanti !

- Il ne faut pas croire qu'avec la libération de Paris, la guerre soit finie ! Nous devons encore mener ensemble d'autres combats, pour libérer notre territoire !

Au moment de nous séparer, je propose à Marie de faire connaissance de Mathilde et de Jacqueline, sur Chaumont :

- Pierre j'aurais bien aimé, mais je dois encore ramener « Colonel Alban » à Neaufles-Saint Matin, pour une autre réunion !

- Bon c'est dommage, les filles auraient eu certainement envie de te rencontrer ! Marie me regarde d'un drôle d'air.

- Pierre fait attention à toi ! Même si les allemands sont partis, il y'a toujours « des redresseurs de torts », pour régler des comptes !

- Bah, ne t'inquiète pas, mon uniforme me protège !

Je saute dans la Jeep, il ne nous faut pas plus d'un quart d'heure pour rejoindre l'hôpital de Gisors à celui de Chaumont en Vexin !

En arrivant dans la cour de l'établissement, nous croisons un groupe en armes. Un homme tire une jeune femme blonde par les cheveux, elle tombe à terre. En sautant de la Jeep, je m'aperçois qui s'agit de ma sœur. Le barbu qui la tenait par les cheveux, éructe :

- Regardez-là, elle a couché avec des allemands ! à la voix je reconnais Marcel Marchal, son ex-fiancé. (*Voir « Nom de Code Grenelle)* je me précipite.

- Marcel, lâche-la, tu es devenu complètement fou !

Avant que je n'aie pu esquisser le moindre mouvement, un de ses complices me ceinture, les autres s'occupent de mon chauffeur et de mon garde du corps. Un attroupement se crée, des gens se penchent aux fenêtres de l'hôpital. Marcel, les yeux injectés de sang, continue son numéro :

- Regardez-lui c'est un traître ! il a travaillé pour Vichy ! Il faut tondre la fille, et juger son frère !

J'aperçois soudain Mathilde, agrippée par un de ses sbires. Elle réussit à lui mordre une main pour se dégager et se précipite sur Marcel, pour le bourrer de coups de poing. Il lui décoche une gifle qui l'expédie au sol. Une rumeur de protestation commence à s'élever parmi le public. Pour toute réponse, Marcel sort un revolver de son étui et tire deux coups de feu en l'air.

Je ne vois pas bien, comment nous sortir de cette situation, quand soudain j'entends un bruit de moteur. Deux nouvelles voitures, avec des inscriptions FFI sur les portières, pénètrent dans la cour de l'Hôpital.

De la première traction, sort Marie avec sa Sten à la main qui se dirige d'un pas alerte, vers mon ex-futur beau-frère, qui semble pétrifié par l'apparition de la « Louve ». Elle lui arrache dans un premier temps son pistolet et lui décoche au passage une droite, qui l'envoie le nez dans la poussière. Puis toujours « aussi délicate », elle lui écrase sa chaussure sur le visage, avant de s'adresser au groupe :

- Bon, vous les pseudo-résistants, c'est terminé pour aujourd'hui !

Entre temps, les FFI les ont désarmés, aidés par mon chauffeur et mon garde du corps. Je me tourne vers Marie :

- Dis donc, il était moins cinq ! Heureusement que tu es arrivée avec la cavalerie !

- Tu vois, je t'avais dit que j'avais un mauvais pressentiment !

Mathilde, est déjà en train de sangloter dans mes bras, pendant que Marie s'efforce de réconforter Jacqueline. Un des FFI, s'approche de la Louve :

- Et eux, qu'est-ce que l'on en fait ?

- Nous les déposons à la gendarmerie en repartant ! Les gendarmes vont s'en occuper !

Jacqueline, qui a retrouvé ses esprits remercie Marie et lui propose que nous trouvions une date prochainement, afin de faire plus ample connaissance. La louve acquiesce et propose de nous tenir au courant par la poste de Tierceville. Je libère mon chauffeur et mon garde du corps, en leur demandant de rentrer sur Paris. Je vais enfin pouvoir finir mon dimanche en famille.

Jacqueline a emprunté une Simca 5 au garage et reprend le volant, pendant que je m'assois à l'arrière avec ma Mathoche. J'examine son visage rougi par la gifle de Marcel :

- Tu vas avoir un bleu mon cœur ! Mathilde ricane et s'adresse à Jacqueline.

- Dit donc, tu as drôlement bien fait de le laisser tomber celui-là ! Difficile de trouver pire ! À mon tour je questionne ma sœur.

- Peux-tu m'expliquer la présence de Marcel aujourd'hui ?

- Je ne sais pas ! Je suppose qu'il devait m'espionner ! Tu sais ce n'est pas très compliqué, en général je limite mes déplacements entre la maison des parents et l'hôpital d'Argenteuil !

- Je ne sais pas comment les gendarmes vont le traiter, sachant qu'il fait l'objet déjà « d'un signalement » avec obligation de se tenir à l'écart ! Par mesure de sécurité, je vais agir de mon côté ! Mathilde s'inquiète.

- Demain mon chéri, je suppose que tu retournes sur Paris ?

- Oui, mais je vais me débrouiller pour ne plus coucher à l'hôtel la Pérouse et rentrer le soir sur Colombes ! Jacqueline m'interroge.

- Dans combien de temps, crois-tu que cette guerre va finir ?

- Difficile à dire, même si aux dernières nouvelles, un tiers de la France serait libéré !

En effet au 31 août, les alliés tiennent une ligne allant d'Abbeville, Reims, Orléans, Tours, jusqu'à Nantes. La poche de Saint Nazaire résiste encore. Au sud, la poussée est moins spectaculaire. Sur la côte méditerranéenne de Cannes à Montpellier les allemands ont dégagé, les troupes alliées pénètrent à l'intérieur des terres jusqu'à Valence et Saint Nizier.

Nous voilà de retour à Colombes, en rentrant dans le jardinet du pavillon, j'aperçois « une mini Mathilde » sur le palier, qui se dirige en courant, tout sourire, les bras ouverts. Elle tombe dans les bras de sa maman qui après l'avoir embrassée, me la tend. Marie semble étonnée, je la fixe la larme à l'œil et après l'avoir embrassée à mon tour, je me contente de lui dire : « Je suis ton papa ! » …

FIN

Prochain épisode en préparation : **« La traque de l'ombre rouge »**.

LISTE DES PRINCIPALES ABREVIATIONS

- B.C.R.A. : Bureau Central de Renseignements et d'action.
- B.M.A : Bureau des Menées Antinationales.
- B.U.F : British Union of Facists.
- C.N.R : Comité National de la Résistance.
- C.F.L.N : Comité Français de Libération Nationale.
- D.M.N : Direction Militaire Nationale.
- D.M.R : Direction Militaire Régionale.
- E.F.O.R : Equipe Française d'Organisation du Redressement.
- F.N.F.L : Force Nationale Française Libre.
- P.C.F : Parti Communiste Français.
- F.T.P : Francs-Tireurs et Partisan.
- F.T.P MOI : FTP Main d'Œuvre Immigrée.
- G.P.R.F : Groupement Provisoire de la République Française.
- L.V.F : Légion des Volontaires Français.
- M.U.R : Mouvement Unitaire de la Résistance.
- N.A.P : Noyautage des Administrations Publics.
- O.C.M : Organisation Civile et Militaire.
- P.P.F : Partie Populaire Français.
- R.N.P : Rassemblement National Populaire.
- S.I.S : Spécial Intelligence Service.
- S.S.M : Service de Sécurité Militaire.
- S.O.E : Special Opérations Executive.

- S.T.O :   Service du Travail Obligatoire.

OUVRAGES DE REFERENCE

➢ Chronique de la Seconde Guerre *(Jacques Legrand SA 1990)*.

➢ « A la Une », les évènements qui ont fait la première page des grands quotidiens, de décembre 1942 à juin 1944. *(Editions Atlas 1979)*.

➢ Le Colonel Passy et les Services Secrets de la France Libre par Guy Perrier *(Editions Hachette 1999)*.

➢ Les Services Secrets de la France Libre par Sébastien Albertelli *(Editions Nouveau Monde 2012)*.

➢ Le 2e Bureau sous l'occupation par Philip John Stead *(Editions Fayard 1966)*.

➢ Les Services Secrets Français dans la seconde guerre mondiale par Yves Bonnet *(Editions Ouest France 2013)*.

➢ Vichy et la chasse aux espions nazis par Simon Kitson *(Editions Autrement 2005)*.

➢ Le Meurtre de l'Amiral Darlan de Peter Tomkins *(Editions Albin Michel 1966)*.

➢ Charles De Gaulle, mémoire de guerre, l'unité 1942-1944 *(Editions Plon 1956)*.

➢ Mémorial des parachutistes FFL et SAS, « Sussex-Proust » par Dominique Soulier *(Site en ligne)*.

➢ La Délivrance par le Colonel Remy *(Editions de la Seine 1998)*.

➢ Daniel Cordier Alias Caracalla *(Editions Gallimard 2009)*.

CONVERSION PSEUDOS/NOMS

Alain : Daniel Cordier.

Barrès : Pierre de Bénouville.

Bernard : Emmanuel d'Astier de la Vigerie.

Bertin : Maurice Chevance.

Bienvenue : Raymond Lagier.

Bip : Georges Bidault.

Brumaire : Pierre Brossolette.

Champion : Robert Chambeiron.

Charvet : Henri Frenay.

Couillotin : Madame Legoux.

Didot : René Hardy.

Frédéric : Henri Manhès.

Garin : Joseph Castaldo.

Germain : Hugues Limonti.

Grammont : Antoine de Graff.

Grenelle : Pierre Malet, Pierre Fixin.

Lenoir : Jean Pierre Levy.

Lunel : Jean Multon.

Mado : Laure Diebold.

Passy : André Dewavrin.

Perrier : Paul Paillole.

Pierre : Bernard Luthy.

Rex ou Max : Jean Moulin.

Suzette : Suzanne Olivier.

Terrier : Jean Louis Theobald.

Vidal : Charles Delestraint.

TABLE DES MATIERES